打開天窗 敢説亮話

INSPIRATION

天窗出版

解讀力

以讀攻毒的思維

閱讀頻道主持 Lorey Chan 著

目錄

第1章：認清「真實世界」，才可逃出牢獄！

一個「丟錢幣遊戲」，兩種思考態度！做一隻不被宰割的「反火雞」，跳出遊戲規則 —— 從「考第尾」到「考入中大」，從打工到創業；換個角度思考，便可解鎖不一樣的人生！

經常有人問我，年紀輕輕便創業成功的秘訣是甚麼？用功學習、盡責上班？非也！關鍵在於「誇下海口」和「講大話成真」！

社會愈來愈智能化、機械化，但很多人的生活並未變得輕鬆，反而更加為錢拼搏，擔心隨時「飯碗不保」。資本主義底下，我們應該怎樣認識財商，運用財富？

目錄

第 2 章：掌握「人性」，才有強大的人脈。

第3章：明白大腦運作，才不會變蠢。

現代人精神壓力愈來愈大，也反映出人愈來愈「脆弱」。要應對萬變的社會，AI年代的來臨，我們更要建立「反脆弱」。

第4章：這樣工作及生活，讓你成就跨一大步。

有沒有死後的世界？至今仍沒有一個肯定的答案。但我相信有，亦相信人生在世，應該盡力種下善因，散播愛的種子，活出意義，享受美滿人生。

曹宏威
香港中文大學生物化學系前教授

Lorey 的每輯視頻，均綻放著他對書本人生的解讀「力」，

他這筆耕竟能像珠鍊般，把過目的哲理串綴成三維的人世震撼。

年邁的我在送走珍本藏書時，每本蓋上「勝在知書」印帖才驚艷「解讀」力之所在，

此書是刀、力在適時防鏽。

陳志輝教授
大灣區商學院校長，銀紫荊星章，太平紳士

學弟多年熱心投入推廣文化事業，在網上廣泛為大眾分享書本知識，對沒有時間閱讀書本的人，實為造福不小。這本《解讀力》是 Lorey 力作，閱畢深感其提煉書本精華的功力：每章都以其獨特角度解讀智者們的人生智慧，可作為指導讀者生活與工作的有效良方。

蔡金強 Oscar Choi
奧陸資本總裁兼首席投資官

Lorey 的新書《解讀力》完美的呼應了叔本華的哲學思想——認識自己，是智慧的開始，且更進一步，認識世界的本質，尤其是當下和未來的混沌世界。認識這個世界和自己，一個人才能清晰地知道甚麼對自己是重要的，對其生活藍圖做出規劃，得到力量，激勵自己，變得圓滿，避免錯誤

陳淑蘭
香港女演員 主持人

我們都知道讀書好：讀書令人增進知識、智慧和感情。

我從小到大都買好多書，但弊處是「買了當看了」，智慧與知識始終只在我眼前，未曾屬於我。很開心有一次在YouTube看到Lorey主持的「Lorey讀好書」節目，先消化內容主旨，再深入簡出，我每次聽了都有收穫，多謝Lorey! 皇天不負有心人，我有緣認識到他。希望更多有緣人能像我那麼幸運，真人接觸到Lorey、或他所主持的節目和這本新著作！

葳葳
葳言大意主持

Lorey 本身是個成功年輕企業家，酷愛閱讀，知識淵博。從寂寂無名的書僮，通過 Sun Channel「Lorey 讀好書」節目竄紅。他做事非常認真，待人謙卑有禮，他的成功絕非偶然。

在當今競爭激烈、信息爆炸的時代，博學多才的人才能夠掌握世界、理解人性和大腦運作。洞悉事理、見微知著，才能在複雜的環境中游刃有餘，掌握主動權。

《解讀力》是他將知識和經驗分享給更多人的產物，讓你破竹之勢地提高思考和判斷能力，成為更加聰明、成功的人。這本書絕對值得一讀。

陳智達博士
香港浸會大學社會工作系副教授

從哲思走到生活，是作者的生涯軌跡，也是這部著作的敘事風格。每篇文章是獨立單元，綜合所有單元又拼湊出一個更精彩的整體藍圖。章節分類由認識世界、人性、科學，延展到實踐方略、生活智慧。讀者被帶領往返宏觀與微觀世界，穿梭理念與實踐；經歷過這思想之旅，「解讀力」也翻了幾番。

諗 Sir
買樓易手機 App 創辦人

任我行有吸星大法，Lorey 有《解讀力》呢本書。同樣助你將高手精華一次盡吸。無論你想搵書單去增長知識，或者多參考別人的精闢觀點，呢本書都可助你一把！

以好書飛越框框 以意念解鎖人生

　　朋友來到我的辦公室，多半會給我的工作間嚇了一跳：桌面上的書堆得比我站起來時還要高，一棟棟的滿屋子都是，而且放得特別凌亂又沒有系統，這樣給了我一種很「醉心於閱讀」又不問塵世事的知性形象。大部分的書是公司給我買的，那是為了催促我趕緊、儘快、儘早準備好節目，回去錄影。一般來說，朋友看到我的書堆都會說：「哇，你真厲害，看那麼多書！」或「哇，你好博學！」其實每次我都覺得挺尷尬：因為大部分堆放在屋子的書都還未看完，有不少甚至未曾打開。

　　我們的社會好像很自然的把因果連結在一起，直覺認為「多書＝博學」，卻不會想到很多人只是買回來「擺」。就算會看，也是隨便翻幾頁就當是看完了。我在大學時的哲學系教授跟我說：「要是你不能把一個概念解釋給對這概念完全陌生的人聽，並讓他聽完後明白和掌握這個概念，那就等於你也根本沒搞懂它。」有些人會說：「嗯，我好像明白了些甚麼。」大膽的告訴你，如果聽到有人這麼說，不用懷疑，他一定沒有搞懂！用這個原則來看的話，我翻過的書以千百計，但真正看懂的，其實也沒多少本。所以，辦公室的書海，並沒有反映我有多博學，它只是每天在提醒我：自己還是很無知。

　　相信讀者大多是經由 Sun Channel 的網上閱讀節目「Lorey 讀好書」認識我的。執筆之日開始計算，這個「書僮」的工作已做了近 4 年時間，節目也拍攝了 100 多集。為了讓你們願意收看，我每星期在書店一邊「遊蕩」，一邊費煞思量琢磨著：「觀眾會喜歡這個題目嗎？」、「我該怎樣去說好這個故事？」雖然一直都是整理別人的著作內容，但在一天晚上睡不著時，我問了自己一個問題：「通過這幾年的閱讀，我提煉了怎樣的知識，它怎樣融入

了我的生活？我對世界因為這些知識產生了新的洞見了嗎？我可以整理一下這些『整理』嗎？」於是，我決定寫一本自己的書。

通過閱讀，我建構起對世間事物的一套全新視角。每次學習到一個新的理論和想法，都像撥開了雲霧把世界看得更明白了一點，個人知識的地基也變得更牢固。不知道從甚麼時候開始，我從非常怯於發表自己的意見，變成胸有成竹地對很多事物都可以暢所欲言、我的朋友圈都聚滿了比以往更優秀更善良的人、工作邀約亦開始應接不暇，我需要把一些原來的工作任務下放予別人等等。閱讀予我最大的收穫，除了以上種種，還讓我的生活在各方面都慢慢達致平衡，不經不覺的就把生活上的一切安排妥貼：

在財務上，我受到一本漫畫啟發，在 2008 年開創了自己的公司，並發展成一間收入穩定的小企業。我有厲害的夥伴和盡責的團隊，這使我可以安心的從事現在我所熱愛的文化工作。但回想起來，我在很長的一段時間，仍然是瘋狂的透支自己的體力來健康，用時間來換錢。大概在 2013 年接觸了幾本重要的財商和管理著作，一點點體會到要把工作下放和時間倍增的方法，放下眼前的利益並投資到更長遠的事情上。我也通過這幾本重要著作，看懂了世界政經體系運行背後的原則，以及怎麼小心規避風險。第一部分的內容主要圍繞這些。

在人際關係上，很多人根本不知道人際網絡對自己的影響有多大，也不知道怎樣去經營良好的朋友圈、不懂得選擇朋友、定時更新自己的朋友名單等等。他們以為多出去，多找朋友出來喝酒「吹水」，就等於好的人際網絡。讀完了一些著作後，我重新檢視了自己的人際關係網，了解到自己以往總是吃大虧的原因，也找到了那些不健康或有礙於發展的人和地方。慢慢地，我變得更懂得看人，和圈子裡的朋友建立了更深的互信，朋友的等級也隨著我知識的提升而不斷提高。近朱者赤，千萬不要高估自律的能力；別低估身邊的朋友能對你的影響。這是第二部分的討論。

在個人思考的提升上，我從閱讀中發現，不同的專業並非獨立存在，它們各自也不足以解釋世界和社會的一些現狀，知識需要互相解釋佐證，才能一窺事物的全貌。我們在學校學到的不同學科，只不過是在教育制度下，方便學生學習的一種故意劃分。就算是同一個領域下的知識（例如經濟學），不同專家的解讀亦可能完全相反，但又能自圓其說，那我們到底應該相信誰？這需要我們掌握更多基礎知識以進行判斷。在大量的閱讀中，我由不斷地確認一種趨勢，然後又多次自我推翻的過程，正正是知識提升的結果。這是我安排在書中的第三部分的內容。

在工作或職業生涯上，多數人未能衝破一些自身的先天發展阻礙，我也並不例外。由於總是三分鐘熱度，在工作中賣弄小聰明，我的第一份全職工作做得一塌糊塗，當然沒有得到老闆和上司的賞職。幸好，後來的我懂得了維持工作熱情的方法、也把失敗轉變為蛻變的機會、我逐步建立了規律的工作和生活習慣、也能堅毅不屈地完成任務。這造就了第一次創業的小成功，也推動了我在另一個新的事業（媒體工作）也在短時間也獲得了小成就。這些我都會在第四部分和你分享。

最後，對於人生的終極幸福感來說，物質生活或比不上價值觀、社會共同體、道德、正念和愛等那麼重要。我一直納悶為何很多物質生活豐富的人，都過得不快樂？原因是他們都把物質視為目的，而不是手段。把金錢和物質生活視為人生終標意義的人，即使最終得到了，也會覺得無比的空虛。因為金錢和物質終究不是意義本身，只是讓我們掙脫肉體枷鎖的工具罷了。通過閱讀，我以「內求」的方式安頓了生命，並獲得情緒健康和心靈上的滿足，也看到良善的公民社會應有的特質。這部分，我會在第五部分與你詳談。

簡單來說，這是我到目前為止的一個人生小總結，也代表了我的知識體系和價值觀。我從閱讀中精挑細選了20多本最令人印象深刻的著作，當中的知識對於任何一名剛進入社會，或在職場、生活都感到迷茫的人，都是豐富的營養劑。《解讀力》這個取名，時刻提醒了我寫本書的初衷：圖書館裡可供瀏覽的資訊已經太多，欠缺的只是一道與之連接的橋樑。我並沒有深厚的知識基礎去提出偉大又改變世界的新理論；但在整理名家著作和文本的能力與經驗上，足可為社會文化和讀者的個人成長作出貢獻。

　　本書不會有太多由我原創的新知識，只分享了我對不同學術理論，應用到生活各層面上的解讀視角。誠然，現在的都市人太忙了，我們難以安靜的好好看完一本書，但我希望你會認為花在這本書的時間是值得的。書中的內容建構了我整個知識體系，我也已驗證過當中的方法行之有效。例如：終日為錢奔波的人，很少會反思金錢是甚麼，我希望你能通過本書看懂它的運作。如果你總是在人生中單打獨鬥，我希望你能開始戒除一些壞習慣，建立良好的人際關係網。如果你常以情緒主導思考，有時做出錯誤決定，書中的理論或許可指導你回復理性。工作效能不彰、或難以專心致志者，使用本書概括的方法亦能回到理想狀態。最重要的，我衷心希望你能通過書中內容獲得快樂、精神健康和心靈上的安頓，我認為這比一切的財富都更重要。知識改變命運，一本好書可炸開思維框框，一念之差也可以成就美好人生。

　　我們開始吧！

Lorey
2023 年 6 月

第一章

認清「真實世界」，
才可逃出牢獄！

1.1

遊戲規則？
去你的！

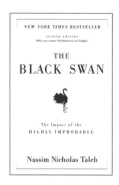

《黑天鵝效應》

作者：Nassim Nicholas Taleb, 2007

The Black Swan: The Impact of the Highly Improbable

想像一下，我拿著一個錢幣，準備在你面前丟擲。這是一個公平且完全隨機的遊戲，擲得正、反面的機率是50%。剛才，我已在你面前丟了99次錢幣，都「巧合地」擲出正面；現在我要丟第100次了，你告訴我，第100次擲得正面的機率有多大？

擲錢幣遊戲　反映思維方式

謝謝你認真思考了一下（你有嗎？）。這個練習是來自Nassim

Nicholas Taleb 的《黑天鵝效應》，他是一位思維非常敏捷的哲學家，以上的「錢幣遊戲」取自書中一個小段落。故事中，精算學博士約翰這樣回答：

「這個問題很簡單，每次投擲都是獨立的，所以第100次擲出正面的機率仍然是50%。」

你也是這樣想的嗎？這是一般有數學思維的人的答案；但另一些人也有別出心裁的看法。書中另一個角色，企業家「胖子東尼」這樣回答：

「出現正面的機率高過99%。只有笨蛋才會相信你說這個錢幣遊戲是公平和隨機的。你既能連續擲出99次正面，我肯定你在錢幣上動了手腳！」

這個思考實驗，我經常引入企業培訓的課程之中，從中帶出 Book Smart（紙上談兵的）和 Street Smart（有經驗實戰的）的分別：雖然我剛說「這是一個公平且完全隨機的遊戲，擲得正、反面的機率是50%」，但當出現了99次均一面倒的結果，你也許應該像胖子東尼，質疑一下我的說法是否可信，而不是進入我的遊戲規則之中！

如果面對錢幣遊戲時，你心裡想的是：「白痴！我幹嘛要按你的指示做，我才不幹！」那你已經具備 Street Smart 思考的個性。

成為最快樂的在職人士

2007年讀完《黑天鵝效應》，胖子東尼的思考方法和我的人生觀不謀而合。自那時起，它讓我建立更靈活的思維，指導我工作和創業。我認為這本書的觀點，是對我人生有最大影響力的一個啟蒙。

很多人都像丟錢幣故事中的教授，在連續丟出99次正面的結果後，仍

堅持用其過往的經驗知識（教科書的數學理論）來解釋問題，對明顯的疑點卻視而不見。「99次正面」明顯是個極端事件，極端事件不能以常理推敲，也就是說：不能假設遊戲規則跟主事者所說的一樣（沒有做手腳），而必須要用懷疑論者的角度來看，那就是「黑天鵝思考法」。

黑天鵝思考法拒絕盲目接受經驗判斷，接受自己認知的局限及任何可能發生的狀況，因為「你不知道的事遠比你知道的更重要」。

回到2001年的9月12日，那些英勇救人的消防員得到了肯定和紀念；但假如，在2001年9月10前，一名名為張三的國會議員，提出「在每架飛機的駕駛艙必須用防彈門上鎖」的法案，並切實執行了。那麼，「911事件」就不會發生。但因為它沒有發生，張三先生也就沒有被肯定和紀念，也沒有人會在他死後為他立像。

想像一下，在「有發生911事件」和「沒有發生911事件」兩個世界裏，是英勇的消防員、還是張三，對世界的影響更大？當然是後者。不過，張三並不是英雄，他堅持的這項法案，造成航空業巨大成本開支，在業界成為了不受歡迎的人物。我們沒法得知在世界發展的洪流中，淹去了多少位張三，但就是這些「不知道的事」，才是世界運作的關鍵。

就是因為對未知有著無限期待，我從不認為世界的運作有甚麼「既定模式」，所以我更認同一種「甚麼都試試」的心態。基層家庭出生的我，在2008年創立自己第一間公司，到今日，它在行內有不錯的位置，我也將它交給比我厲害的伙伴打理。2014年，對知識充滿熱忱的我，投身企業培訓事業，近年更兼任了Sun Channel的節目監製，製作「Lorey讀好書」及其他節目，成為了一名傳媒工作者，做著自己喜歡的工作。

以前累積的事業基礎，已為我提供不錯的收入，讓我擁有滿意的居所，亦不必擔憂生活（我對物質要求不高）。雖不敢說我的事業發展有多成功，但總在極短時間內獲得一定的成績。我能肯定地說：自己是身邊親朋中最快樂的在職人士！究其原因，10多年以來，我貫徹胖子東尼的思考法：從沒進入別人設定的遊戲規則，也不跳進別人設定的陷阱中。

做一隻反火雞

我就不是甚麼安分守己的人。念幼稚園時，靠一點小聰明，我輕輕鬆鬆就考了三年的全班第一，此後的成績卻愈來愈難看。初中開始，我更是每天混日子。中四，我遇到了我的「黑天鵝事件」，而我人生就180度轉變了！我考進中文大學「哲學系」。

蘇格蘭哲學家大衛‧休謨（David Hume）在《人的本質》(*A Treatise of Human Nature*)中，提及一個著名的火雞故事：「農場中的火雞，每天受到飼養主的照顧，牠覺得主人真心為牠著想，而愈來愈信任他。結果，在一個感恩節的下午，牠很意外，牠被殺了。如果從已知的經驗數據看來，牠永遠推測不到會有這樣的結果。」

對於火雞來說，經驗是沒甚麼屁用的東西——非但無助預測未來，還有嚴重的誤導性。

圖 1.1 顯示，火雞在飼養主照顧下的 1000 日生命中，對主人的信任與感情（單方面的）與日俱增。如果沒有第 1000 日的「Surprise！」，牠大概預期自己會愈長愈胖，愈來愈幸福。可是，一個感恩節就把牠的人生（雞生）給毀了，而火雞的遭遇可被稱為一宗「黑天鵝事件」。

圖 1.1：感恩節火雞的「黑天鵝事件」

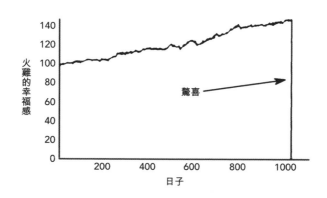

　　我卻活出一則「反火雞」例證！讓我細說我的「黑天鵝事件」（正面的）。

　　中二時跌至全級排名 180（全級 200 人）之後的我，仍每天堅持上課打瞌睡，睡到了高中，學業也已跟不上同學。眼看距離會考（DSE 前身）只有兩年，爸媽也不抱期望，打算讓我去當個工地工人（忘了說，我爸是一位厲害的搭棚工人，一手絕活養起了我們一家，他打算傳授我搭棚的技能，起碼能混口飯吃）。但「Surprise！」，我剛成為中四生，一個風和日麗上午，我遇到一個標致動人又會念書的女同學——我後來的女朋友！

　　這個高材生女友，學習成績非常非常非常優異（重要事情要說3遍）。她看不過眼我的學習態度，一直嚴格督促我，還做了很多的筆記，讓我在考試前好好背下來。在「高壓統治」下盡了一點點努力，我便輕鬆升上了預科，再進入神往已久的「中大哲學系」。於是，人生就這樣翻轉了。

圖1.2：我在學時的「黑天鵝事件」

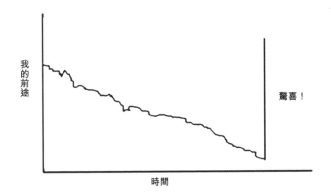

　　火雞和反火雞故事的道理在於：**我們總以為人生是線性地發展，但這是誤解，人生（如圖1.1和圖1.2）其實以非常跳躍的方式交替出現**。我們應時刻準備隨時到來的黑天鵝：當負面黑天鵝出現時，不要手忙腳亂不知所措；正面的黑天鵝飛來，則死死的咬住不放（像我死纏爛打把高材生追到手一樣）。如果硬要為「世界怎樣運作？」找一套規則，那只能說根本沒規則可言。

哲學　改變人生的學科

選擇哲學作為我的本科，應該是繼死纏爛打追女仔後，做得最對的人生決定。一開始選哲學系，在於它令我看起來「帥」，一種莫測高深的感覺，後來卻發現，它可以大大幫助我跳出既有框架去思考。

哲學有別於大部分學科，它不在一個既定的知識框架下，讓學生只照課程設計來推演學習。哲學本身，沒有甚麼既定的「原理」必須學習，反而是通過歷史上一位位思想家，他們對世界運作的詮釋，去尋找每個人的人生觀和「該如何生活」的態度。

哲學系的考試，特別適合我這種最怕束縛的人。考試多是開放式的答題，(例如甚麼是正義？你是否贊成廢除死刑？你認為上帝存在嗎？)，學生表達己見，老師則通過其闡述的深度和廣度去評分。至於由助教主導的「導修課」，往往是一個小組讀完某篇文章後，在討論中各自發表見解和讀後感（很像我現在做的「Lorey 讀好書」的節目形式）。要獲得高分，還需要舉一反三、觸類旁通又合乎邏輯，讓助教驚喜才行。

這樣的訓練，對學生建立思辨能力有極大的好處。其實，大學的我完全算不上一個好學生，可是出來社會後，在哲學中培養出來的思維能力和邏輯技巧，只消用上一小部份，便已有領先別人的優勢。

老闆給的，就是你要的？

2006年第一份全職工作，我在一家中小型建材公司擔任產品銷售員。公司文化比較傳統，獎金制度不清晰，全由老闆看業績、加上他對員工表現的滿意度來計算年終獎金。所以，臨近年底大家便都刻意「爭取表現」，更積極、更精神地上班等等，希望搏得老闆一個好印象。

職場始終有它一套既定的「遊戲規則」，就是規則由老闆決定，員工接受和服從。很多人對這套「遊戲規則」習以為常，不會有太多的質疑。

老實說，當時的老闆對我算好，也看得起我的能力。不過，老闆就算有多好，很多時仍停留在「施恩者」的心態。例如說，住半山豪宅的老闆，會覺得他能讓同事溫飽，或加一點獎勵，讓他們有個小康之家，已是很了不起的成就。我真心讚賞有這種心態的老闆，因為無良僱主比比皆是。可是，老闆這種「我已做得很足夠，你還想怎樣？」的心態，並不一定是員工真正需要的。當然，有些人覺得這樣已算好，但對我來說遠遠不夠。

我不願意就此服從這套「職場遊戲規則」，也不希望作為別人的從屬，一直工作到退休。所以在24歲那一年，我決定結束「打工」生涯，為自己的事業作主。而對我的事業生涯影響最大的書，不是甚麼名著，甚麼教授的論述，而是一本漫畫——《金錢之拳》，當中的一段說話，如子彈般擊中我，刻出我的創業座右銘！

這顆子彈，下章節詳談。

Black Swans being unpredictable ..... the single best defense against them is to have in place robust heuristics, that is, broad rules of thumb and policies that can handle disorderly environments.

『黑天鵝』不可預測……對抗它們的最佳防禦是擁有強健的啟發式思考，也就是能夠應對混亂環境的廣泛經驗法則和政策。

——《黑天鵝效應》

1.2

誇下海口的力量

作者：三田紀房，2005年

《金錢之拳》

可以炸開思維框框的好書，不一定限於有識見的學者著作，任何一本書，甚至遇上的一個人或一件事，只要令我們找到「叮」一聲的頓悟，銳變降臨人生。對我的事業生涯影響最大的書，甚至可說造就我們所創立的公司，令其步向成功，竟然是一本漫畫。

對謊言的敏感度 決定成敗

記得在2008年前後，有一個老同學，書念得不怎樣，沒考上

傳統的大學，卻一天到晚做白日夢想著怎樣發達，甚麼都願意試一下。有天他介紹我看一本漫畫——《金錢之拳》，說從中學習了很多做生意的知識。

這個「不切實際」老同學的話，我一直沒怎麼放在心上，後來在二手書店不經意的看到這本漫畫，隨手翻開第一冊，卻被當中的小章節啟發了我的創業靈感：故事是關於一名退役拳擊手——花岡健，在職業拳擊生涯引退後的創業故事。這名做生意新手，一天去請教一名成功的企業家，塚原為之介。塚原講了以下一番話：

> ——「世人其實是被曖昧的謊言包圍著的，創業就不可避免要說一些謊，例如對交易對象保證說『一定暢銷』或『絕對划算』。然而這些保證都是毫無意義的……成功者和失敗者之間決定性的差異，就是在於對謊言敏感度的差別，失敗的企業者用謊言換得輕鬆，到最後就變成滿滿都是謊言，因此失去信用而被商場唾棄；但成功的人對謊言的敏感強，他們知道光靠一再圓謊，是不會有結局的，他必須要將謊言化為真實，把原先的謊言當是泡沫般消除。」

看明白了這一段，我把書合上了。對剛剛成立公司，所有方向都未定下來的我，這段話是個最重要的提醒。

創業的座右銘

很多人以為，做生意是要循序漸進。而我沒有資本、沒有獨特技術、發明和背景，就算手中拿著甚麼產品，都是別人的東西，在市場上幾乎沒有任何優勢，那麼我到底要怎樣和別人競爭？

社會好像一直支持年輕人開創事業、追求理想。可是，市場真的這樣運作嗎？不是。消費者並不喜歡「初創」的東西，他們想要靠得住的大品牌產品，卻又想要初創產品的價格，所以小企業把自己當作小企業來做生意，永遠做不起來。

《金錢之拳》中，塚原為之介跟花岡健那一句：「*創業之道就是要誇下海口，然後讓大話成真！*」這句話像一顆子彈，多年來引領我及公司開山劈石，成為我創業的座右銘。我用上這個思維，創業 10 年內達到基本的財務自由狀態。

激情不能當飯吃

「讓大話成真！」這句話，可能會令旁人以為創業者的特質是：無所畏懼、孤注一擲、激情創意、行動力高、專心致志等。那些成功人士分享創業之道時，不都是這些說的嗎？我相信，那些成功的企業老闆多半是糊里糊塗把生意搞起來，再編撰以上「聽來較有鼓勵性」的創業家特質而已。事實上，以我和拍檔的創業經驗來看，公司走到今天，與甚麼勇氣、激情都沾不上邊；反而是一些比較窩囊、不堪入目的特質，令我們最終仍在市場佔一席位。

2008 年是我公司成立的第一年，但當時我還在舊公司上班。我沒有那種不顧一切向夢想進發的勇氣，生怕沒穩定收入，所以很無恥地一邊行屍走肉地上班，下班回家就專心做自己的生意。一人分飾兩角，我日間上班的表現當然不好：常常遲到、在辦公室打瞌睡、報價錯漏百出，讓經理幫我背了幾次黑鍋。這樣混沌的日子持續了一年多，老闆有天召我入房：「我不知道你因為甚麼事令工作表現下降那麼多，不管甚麼理由，我肯定你已沒有心在這裡工作了。」我理解老闆的意思，隔天就把辭職信打好，沒有解釋，只跟老闆説句抱歉，大家都好像解脫了。一個月後，公司還為我辦個歡送午宴才讓我滾蛋（10 多年後回想起來，我依然對這位老闆十分感恩，感恩這分包容，以後在創業路上，我也以他為榜樣）。

因為我膽小怕死，不要臉的在舊公司拖著，才在不影響自己生計下，把公司的生意開了個頭。那一年多的時間實在太重要，要是沒有那份薪酬持續的輸血，我一早就撐不下來了。

移居型公司 更易勝出

知道在古代戰爭中，站在隊伍最前面、狂怒且急不及待衝前殺敵的士兵，他的下場是甚麼嗎？對，就是第一個死！別人説甚麼「早起的鳥兒有蟲吃」，你別忘了故事另一重要角色，那就是蟲。要不是有那些傻傻的蟲子那麼早起，又怎樣撞得上早起的鳥呢？

創業不也是一樣，最好別讓激情和憤怒來主導你的行為，最好的創業方式不是開拓市場，而是去搶別人開拓了、卻沒有做好的市場。需求已經有了，欠的就是把現成東西改進一下的想法。

《反叛——改變世界的力量》（*Originals: How Non-Conformists Move the World*, Adam Grant, 2016）一書中，提及一個調查結果：先鋒企業的整體失敗率，是移居型公司的6倍（「移居型」指看到人家開始了市場，才移過去和龍頭競爭）。移居型公司成功的例子不勝枚舉：1972年的遊戲機公司「奧德賽」先拔頭籌，卻被後發先至的任天堂打敗；寶麗來公司（Polaroid）被後來居上的數碼相機公司取代；諾基亞、黑莓手機被後來的蘋果手機擊敗，黯然退出市場。

我感覺創業者都帶點陰暗面，躲在暗處，看著那些已經開拓市場的先鋒企業或市場領導者怎樣做生意：如果人家真的無懈可擊，那就別去送死；要是有那麼一點點可乘之機，就去搶那部分吧！就像草原那些鬣狗，趁獅子不在意時偷人家那麼一塊肉，但注意別讓牠看到，更別傻到一頭熱血衝去跟牠單挑。要生存，創業者需要謀定後動、耐得住餓，拖延一下讓子彈飛，然後找機會去偷點肉，迫不得已真的要和對手硬幹，就來陰的。（鬣狗群一個強大的生存方式是「偷肛」，那就是面對強大的動物時，例如一頭強壯的公牛，就找同伴引牠追趕，另一隻在後面找機會咬牠的「重要部位」，事實證明多強壯的動物都頂不住這樣一擊，跪下來就GG了。）

建立沒有對手的獨佔

在建材公司工作時，我仍嘗試踏出創業的一步，就因為我看到一點可乘之機，撿到了一塊「腐肉」、一個業內人沒多大興趣的東西 —— 仿真草皮。這東西有綠化概念，卻是完全沒有真正綠化效用的周邊產品。

我當了三、四年的建材銷售員，算是對這行業有點認識。香港建築界

35

很重視綠化，常常把種植空間擴展到天台或外牆上，這正是我舊公司的專業。不過，香港天氣潮濕，易生雜草，園藝工人的薪金又愈來愈高，綠化的維護成本大幅提升，業界開始懷疑這種大規模綠化可否持續。

人造仿真草皮由塑膠製造，只提供一個看似綠色的地帶，多數應用在綠化帶附近、卻難以種植的地方，例如活動場地、採光度不足的天台或陽台等。當年，這東西幾乎沒有一個行家專門去做，因為它應用的地方太少，也賣不到好價錢，一些老牌建築材料地舖只會擺幾塊樣本給裝修師傅看看。不過，對於一隻不用吃得太飽的鬣狗來說，這正正是我要找的東西：行業的大佬不在意它，它的發展前景不明朗，也沒多少對手衝著加入競爭等。

PayPal 創辦人彼得 • 提爾（Peter Thiel）在其著作《由零到一》（*From Zero to One*, 2014）中提到：「——獨佔是每個成功企業的寫照。」與其經營市場上最普遍的產品，面對極多的競爭者，倒不如經營需求不大、卻沒有（或甚少）對手的產品。任何企業「由零到一」的過程中，**建立沒有對手的獨佔環境是重要的一步。**

當然，仿真草皮在市場上也不算完全沒有競爭對手。我查看了海關資訊，發現共有 32 家貿易公司提供「人造草」產品。看上去還不少，不過，這 32 家公司沒有任何一家「只做」人造草產品。建築市場上的「肥肉」，是那些兵家必爭的主流產品：天花、地板、牆身、水泥、鐵器、廚具餐台、家具飾品等。既然我沒有財力和背景去成立一家跟他們競爭的建材貿易公司，那只從他們手上咬走一小片應該可以吧？當我用百分之一百的力量，去搶他們眼中微不足道的產品，應該不會受到太大的壓制。

於是，我沒有成立「XXX建材貿易公司」，而是撿了塊「腐肉」，加點調味料，擺上正盤準備去賣。就在2009年，我們創立了當時本港唯一的「專業的」（其實後來才慢慢變得專業）人造草坪品牌 —— Liveturf。

草皮「王」是這樣煉成的！

我和幾位夥伴僅以兩萬港幣的資本開始運作，Liveturf由2009年到今天，已在香港完成上千個工程項目，客戶遍佈各大發展商和建築公司，並多次接受雜誌和電視台的訪問，在市場存活下來。雖然公司還不算甚麼大企業，但在整個創業及經營中，我們沒有接受任何財團或投資者的支持，只以一套思維走到今天，我認為仍值得和讀者分享。

那為我創業思維扣下扳機的漫畫《金錢之拳》給我第一個指引：「先誇下海口，然後讓大話成真！」既然Liveturf「聲稱」是香港第一專業，公司整個經營思路、模式也應如國際大品牌：首先需要一個看上去專業的網站。兩萬元資本，竟然花上1.2萬去打造一個還算專業的網站，裡面放滿其他競爭對手網站絕對不會有的人造草產品資訊。

圖 1.3：Liveturf 早期的網站

公司網站不僅要「看上去」專業，資訊也要別具一格。我花了很多時間，整合網上大量有關人造草皮的文章、新聞，之後撰寫一篇又

一篇由公司出版的專題資訊，讓客人瀏覽和下載。不過，這網站面世時，公司連半塊草皮也沒賣出，2009年的營業額，是零。這些網站資訊花了我非常多精力，卻十分值得，因為它立即把Liveturf和別的本地貿易商區分開。換言之，我們「誇下海口」，公司看起來真是一個專業的品牌了。（你不需要真的很厲害才能表現出厲害，你應該預先使用它！經濟發展不也是靠預支未來嗎？不然你以為你的樓房是怎樣買下來的？）

圖 1.4：在 Liveturf Daily 發佈超過100篇的「專業文章」

「自家」產品面世

打造完「專業」網站，創業資本剩下不多，我們從一個荷蘭的著名廠家，買來一大卷很高品質的仿真草坪送到香港，並找好朋友「免倉租」讓我們寄存貨物。每次有訂單，我們就把大卷分成小卷，重新包裝貼上我們的

品牌，加上「荷蘭進口」（我沒有說謊），一款優質的進口「自家」產品就進入市場了。

不過，既然公司「是」國際的大品牌，產品總不能只有一個款式。我們聯絡不同的海外廠商，以外貿洽談的借口，邀請他們寄些主打款色的草坪樣本（部分免費、部分要花錢買），慢慢集齊 10 多款產品。接下來，我們買個燈箱，借朋友的專業相機拍一下產品照，一整個「自家系列」出來了！如是，品牌有 10 幾款進口優質人造草款式，但真正供貨的只有一款（那一卷荷蘭草皮用完，再補一卷），我們就這樣展開銷售。

公司剛開始時拿到的小訂單，每月只有四五千元，人能節衣縮食，還可以撐住公司。幸好，香港有錢人市場很大，他們的家都受到難以打理的真草皮困擾，我們以「仿真草專家」身分進入市場，即時處於「獨佔」地位。我們在豪宅區進行一輪推廣後，獲得極大的成功，利潤十分可觀。

公司「很大」老闆「很小」

可能是妒忌心作祟，年輕企業家並不受大眾歡迎，除非你成功到無法超越（到了這程度，人們會信服於你）。如果你以新進老闆的身分去拜訪客戶或項目負責人，總有心胸不夠寬廣的人，想以打工族之姿打擊老闆。所以，年輕企業家一開始要保持低調，才容易和別人產生「共感」。

即使到現在，不管到了哪裡，我都要和當時當地的人建立一種「我不比他優越」的共感，欣賞他們的長處，並「真心」的抱著自己不算甚麼的態度（別裝，裝不出來的）。小嘍囉的身分卻表現出強者的實力，才讓人驚

訝，這個期望值的落差會為你帶來很大好處；相反，把自己定位得太高，然後被人慢慢發現你不是那麼厲害，你的形象則輕易地毀了。

幾年前，我在一個場合中認識一名企業家，我禮貌地給他名片，並簡單介紹一下自己，他一直用心聆聽，並問我不少跟我行業相關的問題，表示出對我公司業務的興趣。回過神來，原來我喋喋不休了快 5 分鐘。當時覺得有點失禮，馬上「請教」他的專業。他回答：「哦，沒甚麼特別，我是賣涼茶的。」我不以為然，以為這中年男子只是普通小區涼茶店老闆。那天聚會完大家散去，我才知道他是鼎鼎大名的鴻福堂執行長司徒永富先生。我頓時慚愧，竟然有眼不識泰山，可讓我最敬佩的是，司徒先生一點都不把自己當一回事，反而讓我感覺自己很受尊重。我想，他這種「低調」，背後的自信和胸襟一定用了很大努力、很長時間才可養成。

扮龍頭的奇怪舉動

萬事起頭難，在「扮演行業龍頭」的過程中，雖然公司網站、名片都只是小環節，但可讓客人以為公司規模很大，加強客戶對我們的信心。這些「奇怪」的舉動，每一項都有特定目的，列舉部分如下：

1.) 絕不在辦公室時間外接聽客戶電話或回覆電郵，大公司員工都不會這樣行事，只有初創的平民企業家才會。

2.) 賣出去的產品，都付上有簡單圖示的「安裝方法」，讓人覺得我們很有規模（這部分學 IKEA）。

3.) 盡管是小小的工程項目，做完後也要給客人發出精美的「保用證書」（小公司不知道自己能撐多久，通常都會忽略這部分）。

4.) 產品盒子印有條碼（Barcode），讓公司「看上去」更有系統（意思是，它只是個裝飾）。

5.) 印刷一本本羅列所有產品型號的小冊子送給客戶，但其實暫時提供不了那麼多不同型號（哪有錢和倉庫空間？）。

6.) 銷售同事（一開始只有我）去跟客人面談時，打扮要像大公司的員工。施工時，初創的我免不了要自己動手，但必須想盡辦法不讓客戶認出我，所以一頂鴨嘴帽和一個防塵口罩是開工時的標準裝扮。

想要成為怎樣的人，你得先思考他會怎麼想、怎麼做，隨即模仿他的工作或處事的方式。從佔據小市場開始，一步步讓誇下海口的你，「大話」成真，就是我事業發展的重要領悟，希望也能協助你思考。

建立屬於自己的版圖

用另一個角度去看你熟悉的市場，找到產業龍頭的弱點，你可能就會創業成功。

一個著名的眼鏡品牌是這樣開始的：美國4名研究生向一名大學教授提出創業的點子（還邀請他投資）：成立一間可讓客人在網上訂購眼鏡的公司，原因是這行業利潤很深，成本很低的東西，卻賣得那麼貴。當時Luxottica是眼鏡業的龍頭，市場份額達80%。教授左思右想，都不看好這門生意，因為訂製眼鏡需要繁複的現場流程，並非網站搞得定，而且他認為「假如是好主意，早就有人做了」，所以拒絕了投資。

其後，這家初創公司大獲成功，它的名字是 Warby Parker，現時市值超過 68 億美元。眼鏡業一早存在，可是 Warby Parker 用另一個角度去看這個市場，找到產業龍頭的弱點，鑽入一點點可乘之機，成功獨佔了市場某一版圖。

我學習了這個精神，在微不足道的產品上，用上完全不同的角度來看，慶幸也獲得階段性的小成功。那也代表，幾乎任何產品和市場，總有一些「腐肉」可以讓你撿，重點是你看不看得見。如果不是用上「不按遊戲規則」的反叛思維，我的創業過程肯定更艱難，也難以在這個傳統行業佔一席之地。

成功的人對謊言的敏感強，
他們知道光靠一再圓謊，是
不會有結局的，他必須要將
謊言化為真實，把原先的謊
言當是泡沫般消除。

——《金錢之拳》

1.3

「金錢神教」的
殘酷本質

作者：羅伯特‧清崎，2008 年

FAKE: Fake Money, Fake Teachers, Fake Assets: How Lies Are Making the Poor and Middle Class Poorer

《富爸爸——精英大騙局》

「地球是很危險的，你快點回火星去吧！」

說了我的故事，倒想從頭開始跟你們談談我從閱讀中認識的「真實世界」。出自電影《少林足球》的這句經典對白，很適合用來描述我們身處的世界。

在此章節，我想借用《富爸爸》系列作者羅伯特‧清崎（Robert Kiyosaki）的 FAKE（《富爸爸—精英大騙局》）之揭示，跟大家講一下「錢」的運作，愈年輕的時候把這個搞懂，後來的路愈易走。事實上，《富爸爸》系列我買了多本，優點是很好懂，有不少可引發

再思考的地方，但也不是每本都好看，他的整套思維分散在不同著作中，需要整合才可完全理解。

誰是待宰羔羊？

我們由出生開始，就在「地雷陣」上前走，有些人成功迴避危險，繞過人生最大的地雷，順利又幸福的走完；也有些人不停地踩中地雷，每踩一次都元氣大傷，腿是沒有炸斷啦，可是人生可說是基本毀了。地雷是誰放的呢？FAKE 提到，放地雷的，就是那些把我們視為「為他們帶來效益和美好人生的工具」的人。

不難想像，要是有一個人能控制一群人，令他們為這個人的利益而奉獻全部人生，那「這個人」就是大贏家，其他就是輸家。很多人以為，我們活在一個汰弱留強的社會中，每個人可以藉著參與公平競爭，去獲得自己想要的生活。事實上，每個人的「原廠設定」並沒有那麼的中性，大部分人都像羊圈中的待宰羔羊，由出生起，就在羊群中等死及被吃掉（即是說原廠設定是「負值」）。但是羊圈裡很安逸，只要乖乖聽話就能吃飽。

羊圈的外圍是一道很高的欄柵，拼命的話還是跳得出去。於是，有非常少數的羊，頭也不回的跳了，生死未卜，但總算走進了大自然，能在野外物競天擇；而大部分的羔羊，要不根本不知道有外面的世界，要不就是明知道有、卻不願意冒險跳出去，結果成為農場主人的生財工具，無風無浪。

寫下這一節的目的，是要告訴你們羊圈內的情況：成就一個人自由，

背後就有若干數量的人過得不自由,所以逃出去的必然是少數。至於要不要走出去,就是你自己的決定了。

99% 人沒法看明白的精密系統

　　*FAKE*論及的這個騙局,你可從身邊的生活經驗印證。在科技發達的年代,我們所有人的生活,原本都應該過得愈來愈好,例如只需工作更少時間、擁有更多的餘暇追求精神境界、更多時間陪伴家人。但是這情況不符合「某些人」的利益,他們不願意平均分配資源,他們想要支配絕大多數的財富。這些人太聰明,聰明到能使其他人認為在其「統治」下生活,對自己更有利。他們設計出一個個極為精密又不容易了解的系統,輔以一堆艱澀的學術用詞,令大部分人都搞不懂當中的運作。既然搞不明白,那就不要去明白,按照「社會」主張的生活方式去過日子就好了,然後毫不知情的把一生辛苦的勞動成果拱手送人。

　　接下來,我和你先探討人類歷史中最大的騙局是如何運作的。《人類大歷史》(*Sapiens: A Brief History of Humankind,* 2011) 的作者哈拉瑞 (Yuval Noah Harari) 認為,人類之所以能支配其他物種,而當中智人 (Homo Sapiens) 又比其他人種優勝,在於智人有一個奇怪的能力:虛構故事。

　　這能力很管用,因為其他人種的部落 (例如尼安德塔人,Neanderthals,已滅絕的古代人種,聚居在歐洲為主) 當達到一定規模,就會開始難以管理,大概150人就是一個傳統部落的人口上限;但是,150人的團隊能做的東西很有限,別說建立一個國家,就連修築一條稍有規模的道路都幾乎不可能。但是,智人在 7 萬年前經歷了一場「認知革命」,在發

明語言之後，智人群族以「虛構故事」的能力，開始展現一種獨特的壓倒性優勢，成為其後統治世界的力量，只要能讓整個族群都相信同一個故事，並願意為這個信念合作，智人發展為管理超大規模人數的族群。

後來，人類的大小企業、不同宗教、各個國家等組織相繼出現，各有各自的「故事」，「吹水」吹得愈大，能動員、管理的人數愈多。如果當你聽到：「自由民主神聖不可侵犯，值得以生命來換」、或者「爹親娘親，都不及 X 主席親」時，覺得渾身熱起來、有點肅然起敬、有點想要奉獻生命時……對了，那就是「說故事」的威力。

讓大家一同相信某種東西，然後為之奉獻，赴死也在所不辭，這種「說故事」的力量非常大，也是構成人類文明的重要元素。即使今天不同企業、國家、宗教都還在不斷說自己的故事，與對手競爭。

當中，有一個「宗教」是全人類共同相信的，那就是**金錢神教**。就算你從新聞看到有人焚燒某國總統的肖像、或某個宗教組織的圖騰和典籍，你幾乎不會看到有人拿著美元、英鎊、或人民幣等現鈔來燒（除非他瘋了，或是太多錢想燒幾張玩玩，不過燒鈔票是犯法的）。「金錢神教」已在人類社會建立牢不可破的信仰，大家對不同信仰或意識形態或者有不同的解讀，但對於「錢可以換取物資」就從來沒有懷疑過。

錢是甚麼？

錢是甚麼？要精準地說明這問題，一點都不容易。「金錢神教」在本質上，絕對是世界上最厲害的騙局，因為就像龐氏騙局和音樂椅遊戲中，**最後都會令一大群人失去所有。**

你必須明白，那些放在你銀行戶口裡的錢，在還沒有花掉之前，你並沒有真正擁有這些錢，放在銀行的錢只體現你對銀行體系的信任，相信它可以在將來你需要使用時，換到你期待相同價值的東西。但是，到你需要使用這筆錢時，它可能已換不到你存款時預期它能買到的東西，或許因為通脹、或銀行倒閉、也有可能是整個貨幣系統崩潰（通脹一直存在，而銀行倒閉或貨幣系統崩潰則罕見，你一生也許不會碰到一次，但「黑天鵝事件」可能會出現）。

任何經濟週期都由信任開始，至失去信任結束。當一個國家強大，領導人開明又能幹、鼓勵教育、提升人民生產技術、有強大的產出與國際貿易地位時，這個國家的貨幣必會受到人民的信任。因為國家強大，人民艱苦勞動換來的貨幣，在可見將來都一定有認受性，可以用來購買本國或國外的物資和服務，這會進一步推動該國貨幣的強勢；相反，國家變弱，技術落後、生產力頹靡不振、國際地位低下，就會使這國家的貨幣失去認受性，人民認為就算賺得該國的貨幣，在國內或國外都買不到東西，於是想盡快脫手，換得生活所需或能保值的東西，這使貨幣再變弱。

所以，貨幣取決於信任，它是一個「價值」的載體，並不是金錢或財富，持有貨幣只代表持有對未來價值的期待而已。不過，即使大家明白貨幣的本質，也不能急急把今天擁有的現金，立即換成實物資產，因為整個經濟活動也是基於大家對「金錢神教」的信仰，才能運作起來。換言之，即使銀行戶口裡的存款愈來愈「縮水」，甚至有風險，但把它們全提出來花掉也不可行，而且有害於整個經濟體。

殘酷本質：金融風險轉至羊群

聰明人很明白這個道理，他們不會把存款數字視為財富，必然在時機成熟時把存款換成「有價值」的東西（例如房地產或其他實物資產），以對冲貨幣將來會失去的價值。這樣做的結果是，聰明人獲得了財富本身，不管這個財富以後用甚麼貨幣來計價，它還是保有它的價值（包括使用價值和儲存價值）。如果別人往後想要得到他的房地產，必須提供同等價值的東西來交換。羊群們不懂金錢是甚麼，死死抱著戶口裡的貨幣，以為它就是財富，正好滿足聰明人的需求。正因為聰明人懂得把貨幣視為「獲得財富的工具」，就能把貨幣貶值的風險轉移給那一大班羊群。

更殘酷的是，聰明人懂得使用五花八門的金融工具，把自己任性或胡亂投「機」的風險，再轉移給羊群，引誘他們下的賭注，贏了歸聰明人，輸了就由羊群來承擔。*FAKE* 中提及全球所有資產總值（以美元計價），以及其比例分佈，雖是 10 年前的數字，可是反映的現象一點也沒有減弱：

當時黃金的總存量，只值 6.4 萬億美元，而白銀總價值只有 240 億美元，但世界的衍生性金融工具總價值，卻是 1000 萬億美元（1 Quadrillion，即是 1 後面跟 15 個零）。衍生性金融工具就是從基礎金融產品衍生出來的投機工具，簡單舉例：某公司開盤打賭恆生指數的升跌，大量投機客來賭一把，他們持有這公司的「籌碼」，這些各式各樣的「籌碼」，總值就有 1000 萬億那麼多，而這些「籌碼」早已融入了金融和銀行體系。如果你今天手上的資產，都是以這些衍生工具的「籌碼」來計算，然後你自信滿滿的認為自己很有錢……細細思考，這些錢真的是你的嗎？

假如，今天所有人都去銀行提錢，花掉所有存款，或把所有衍生性金

融工具的「籌碼」兌換成現金，以換取物資的話，世界經濟會出現惡性的通貨膨脹，隨即崩潰，因為全世界也沒有那麼多物資可以用「現價」提供給所有人。

上帝的錢 vs 政府的錢 vs 人民的錢

所以，清崎讓我們認識三種金錢，並且靈活地作有效的互換，才能保障我們的財富：它們分別是「**上帝的錢**」、「**政府的錢**」、「**人民的錢**」。

「**上帝的錢**」不是由人類製造出來，而是自古以來大家都認同它是錢的代表：黃金、白銀。「**政府的錢**」就是各國政府發行的本國貨幣與鈔票，美元、日元。「**人民的錢**」則是人民為了抵抗政府的控制而自己發行的貨幣，有去中心化的特徵：比特幣、以太坊。3種貨幣正在激烈爭奪金錢的地位，各自都自圓其說：

　　　　——政府說：主權貨幣（政府的錢）有國家的信心背書，只要主權國家在，貨幣就在；而黃金只是野蠻、過時的遺跡，比特幣則是犯罪分子為了做見不得光的事的交易媒介。

　　　　黃金的支持者會說：這是上帝創造的無可取代的貨幣，而且稀有又同質，完全符合成為貨幣的條件，而且自古以來人類都接受它作為價值保存的工具。

　　　　加密貨幣的支持者則說：它代表了人民，可以防止當權者濫發貨幣來稀釋其價，也通過科技保證它的發行絕對公平，沒人可以自己單獨造一枚比特幣出來。

　　清崎認為：「政府的錢」終究會失去價值，而歷史已經無數次證明，主權法定貨幣的最終價值始終會歸零。「人民的錢」則是「政府的錢」的敵人，它們之間有很多相似之處，例如都是人為「創造」的，而它將會成為「政府的錢」的一大威脅。**至於「上帝的錢」則永遠都能維持它的價值，所以這才是最好的財富儲存的工具**，每個人應該最少把10%資產配置到實體黃金和白銀之上。

信任將歸上帝的錢？

　　經濟學有一個「葛蘭辛法則」（Gresham's Law），提出「劣幣驅逐良幣」之說：「當劣幣進入了市場，良幣就會被收藏起來。」換言之，在市場上流通的，都是大家不看好的貨幣，因為人們會把自己更信任的貨幣收藏起來，這就是人類的「天性」，幾千年來如此。

　　的確，現在多個國家政府和各大銀行都在瘋狂的累積黃金、白銀，然後大量流出現鈔，市場上充斥「劣幣」，而「良幣」則被藏起來（也盡量令你不知道），精英已經用行動投了「上帝的錢」的一票，只是羊群還沒察覺。然而，我認為，大家不用急著把錢全部換至實物的黃金白銀上，因為就算它們始終保持其「應有」的價值，短期之內投入所有資源，也不一定是最理想的選擇。

　　一個貨幣週期，動輒大半個世紀，甚至更久，就算部署得宜，我們在有生之年也未必及時接上那個財富大轉移，所以**比起單方面下注，我們更應該了解「信心」與短期的流動方向**。譬如說，要是某一個國家出現爆發性的增長、或者在一場大戰中勝出，由她來主導以後的國際秩序，那持有這

國家發行的「政府的錢」，可能是個好主意，因為她會想盡辦法壓制另外兩種貨幣的價值，就如二次大戰之後的美國。

反過來說，當世界群雄割據，地緣政治前景不明，甚至有戰爭風險時，持有任何「政府的錢」的風險都很大，即使政權的更迭，亦可以把一個國家的貨幣全部毀掉（例如二戰前的威瑪共和國）。那個時候，「上帝的錢」的確是比較安全又保險的資產，但它的價值會持續被政權打壓，直到社會信心對「政府的錢」逐漸崩潰時、甚或陷於戰亂，「上帝的錢」才能突顯它的價值。

而加密貨幣所代表的「人民的錢」也可能在未來大放異彩，因為在民粹主義遍地開花的今天，加密貨幣的去中心化概念，可抵抗統治者或政府對人民的剝削，也可以用科技解決黃金和白銀難以分割作交易的問題。不過加密貨幣種類繁多，魚目混珠頻生，加上它的交易也要時刻依賴暢通無阻的網絡，才可成事。

所以，暫時來說，我認為仍未有足夠的證據指向某個貨幣最值得我們主力持有，不過，從下一節的討論，你可以看到「政府的錢」正在衰落，相當明顯，不再是金錢王者，而是和「上帝的錢」以及「人民的錢」形成鼎足之勢。你大可以借此來思考部署，畢竟，就算你多能幹，要是不懂有效保護財富，「黑天鵝」風暴降臨之時，一切也是徒然。

Financial education is more valuable than money. Money comes and goes, but if you have the education about how money works, you gain power over it and can begin building wealth.

金融教育比金錢更有價值。金錢來了又走，但如果你懂得如何運用金錢，你就能掌握它的力量，並開始累積財富。

——《富爸爸——精英大騙局》

1.4

「錢」無限，
只要能刺激產能？

作者：Stephanie Kelton, 2020 年

The Deficit Myth: Modern Monetary Theory and the Birth of the People's Economy

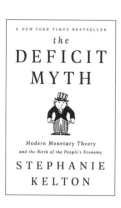

A NEW YORK TIMES BESTSELLER

the
DEFICIT MYTH

Modern Monetary Theory
and the Birth of the People's Economy

STEPHANIE KELTON

《赤字迷思》

　　在上一節的論述，我希望已清楚解釋「錢」的一些重要概念，並令你在腦袋中把「錢和貨幣」分離，不再如大部分人般習以為常、根深柢固地以為兩者是同一種東西。我也希望你已明白，為甚麼經濟體中，大部分參與者的設定都是「待宰羔羊」，在參與一場注定會輸光光的遊戲，同時，只有非常少數人看破這場騙局，並在幻影破滅之前順利逃逸。這情況並非只是今天，而是古今中外、凡有人類社會的地方，都必然會發生的循環。

　　我們先了解一下貨幣（Currency）的功用。人類從遠古的「狩

「獵一採集」的部落社會，發展至相對完整的經濟體系，貨幣是必然出現的一環。而貨幣這名詞容易令人誤會它含有內在價值，所以我認為「通貨」兩字，才更精準地解釋這交易媒介的功用。「通貨」可解作「讓貨得以流通」（current）的東西，只要通貨一直在易手，從一個個體轉移到另一個體，那就代表這經濟體「貨如輪轉」（Velocity），代表參與者都在勞動或在創造價值：例如建築工人把泥土弄成紅磚、蓋成房子、廚師把生肉烹調為菜餚、老師和工匠把知識和技藝傳授予學生等，都代表了價值的創造和轉移。

如果一個經濟體的通貨像一潭死水，完全沒有轉移易手，代表這經濟體根本沒有人在勞動，沒有價值被創造出來。這樣的通貨／貨幣，擁有它等於擁有一堆完全沒價值的垃圾。例如非洲國家津巴布韋一張一百萬億（1跟著14個0）面額的紙幣，價值只約港幣20元，而這只是它在紙鈔收藏店的賣價，用來好玩的，因為這紙幣在當地買不到一盒麥樂雞。

由此推論，持有通貨並不等於擁有財富。**持有勞動者的勞動成果**（也包括天然資源，因為天然資源也需要勞動者才可以產生效益，例如海裡的魚需要漁夫捕獲才變為商貨，所以這部分也歸類為勞動成果），**才是財富本身**。

當人民組織社會，以至建立政府，就賦予政府權力以徵稅的方式抽走人民勞動成果。政府亦會通過銀行系統印鈔（或好聽點：「注入流動性」），再抽走人民更多的勞動成果。政府發鈔愈多，人民薪水被抽走的比例就愈大，這過程從來都不需要先徵得人民同意，而政府發鈔愈瘋狂，它的貨幣系統愈易崩潰。

讓我們看看近在20世紀以降，政府瘋狂發鈔的歷史案例，如何令一個發達的強國貨幣系統最終崩潰，「政府的錢」價值完全歸零。第一次世界大

戰的初期，德意志帝國為應付戰爭開支，取消了金本位制，並瘋狂發行鈔票購入軍需用品。結果，人民對鈔票的信心盡失，經濟面臨巨大危機，政府被迫印更多的鈔票。最終，德政府的貨幣系統崩潰：戰前一雙12馬克的鞋子，戰後需要30萬億馬克；一顆雞蛋從0.08馬克漲到800億馬克，這過程前後大概只是3年時間。

帝國興衰週期

著名基金經理達利歐（Ray Dalio）在《變化中的世界秩序》（*The US government cannot run out of dollars. It can always afford to buy whatever is for sale in US dollars,* 2021）這樣形容一個帝國興衰週期的5個階段：

1.) 主權國家首先發行有實物支撐的貨幣，例如黃金、白銀鑄造的貨幣，或由其財政儲備支撐的主權貨幣。

2.) 隨著經濟與社會的發展，國家公共開支與社會福利支出愈來愈大，特別是民主國家的政客為獲選票，更傾向於施行赤字支出以取悅民眾。

3.) 面對地緣政治和國際間可能發生之衝突，多數國家會有一定的備開支。中立的小國花費較小，有政治戰略野心的國家花費較大。

4.) 國與國之間衝突難免發生，不論戰前、長期戰爭以及戰後的經重建，政府為應付種種開支，最方便、最常見的做法就是施行寬鬆的貨幣政策，竊取人民的財富。

5.) 不論是福利開支還是戰爭開支，貨幣供應量大幅增加，必然造成通貨膨脹，人民最終會對「政府的錢」失去信心，然後轉投貴金屬或實物資產。充分把握這個資產轉移的民眾，早已好好保護自己的財富，相反的則成為羊群，被權力宰割。

「這次一定行得通！」

是否所有經濟體都會經歷以上的興衰週期？為此，眾多經濟學家一直都在研究：怎樣找到一個可行而永續發展的經濟模式？怎樣可以擺脫經濟週期的鐘擺效應？怎樣避免達利歐所提及的帝國衰退階段，讓人民免受痛苦？有些經濟學家以為歷史不一定會重複，甚至堅信他們的建議已令「這一次」經濟週期不一樣、「這一次」他們可以馴服經濟衰退這頭猛獸、「這一次」他們終於精通無止境發鈔而又不會出事的藝術，「這一次」一定行得通！但我認為，歷史不斷地證明，盡管有不同的嘗試，至今這個「狂發鈔 & 永續繁榮」模式出現的可能性，始終是零。

「這一次」，美國一名經濟學家告訴世人，他們似乎真的找到了永續繁榮的模式！美國是近代主導世界的經濟霸權，民主黨的首席經濟學家 Stephanie Kelton 教授於 2020 年寫下《赤字迷思》，重新演繹主流經濟學派現代貨幣理論（Modern Monetary Theory，簡稱 MMT），嘗試打造一個以國民福址為中心的經濟模式。這次，或者真的行得通？

The US government cannot run out of dollars. It can always afford to buy whatever is for sale in US dollars.

美國政府不可能用盡美元，它總是能夠買到以美元出售的任何東西。

——《赤字迷思》

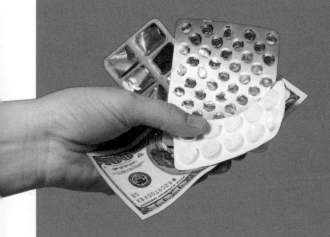

刺激產能「印錢」不需設限？

Kelton首先提出的論點是：錢是無限的！我們每個人、每間企業，因為是貨幣的「使用者」，擁有的錢當然是有限的；但對於國家政府，「本國貨幣」是無限的，可以由政府隨意發放並注入市場。只要本國國民依然相信這些錢仍有流通的價值。

那麼，當政府狂印鈔，為甚麼國民仍願意相信該國貨幣的價值？Kelton認為，因為世界上不論企業和個人，產能遠遠未達到極致，她提到：「如果有數百萬人正在尋找有薪的工作，而在不提高物價的情況下，我們的經濟也有能力生產更多商品和服務，那麼我們就有財政空間將這些資源用於有生產力的就業。」她的意思就是，在現有的經濟和資源分配制度下，經濟產能仍有提升空間，而人力資源卻在閒置，這是浪費的。例如說，「躺平」或「安靜離職」的年輕人、已到退休年齡、但身體健壯且無退意的人，他們的才華和工作能力在現在的經濟結構下都無用武之地，如果能活化這些為數不少的產能，對社會可以產生多大的貢獻！

Kelton亦認為，在國家和國際貿易的層面上，現在只有發達國家在生產及消費大部分的生活用品，並壟斷整個市場。但是，發展中國家的人民一樣希望用上高科技產品（智能電話、電腦、無人駕駛的汽車），然而卻困於糧食不足、或政局動盪，或受制於科技水平，他們連最基本的生活用品都生產。

由於發展中國家持續是國際貿易的需求方，而不是供給方，每當其國民想出售本國貨幣換美元時，本國貨幣的價值就更低，形成了惡性循環。試想想，如果所有發展中國家都能像30年前的中國，有機會提升產能和發

展自己的優勢，他們的商品大賣到國際市場……世界會變成怎樣？如果像蘋果手機這樣的優質產品，連非洲國家的人民都能原創、設計、做出來，那產品成本肯定只會更低，而人類整體的生活質素也可以提高。

先把錢的問題放一邊？

換言之，Kelton 想要我們先把「錢從何來？」這問題放一邊，先思考一下**怎樣的經濟模式才是真的能夠為人民服務**。為甚麼國家沒有辦法提升國民的生活質素，並活化整個社會的剩餘產能？重點不是錢，而是勞動成果。我們要做的是把可以工作的人送去工作崗位，而不是在他們沒有工作時給予社會援助。製造工作崗位當然需要錢，而如果能長遠激活生產力，由政府採用「赤字支出」去製造這些崗位，則絕對合乎效益。

Kelton 還建議：由美國帶領下的各國政府，應該按國內情況持續「有序」地注入流動性（不要亂發鈔），並在過程中好好審視勞動力的參與程度，有力地作出干預，讓經濟產能持續激活、社會達到合理的通脹預期。當經濟接近充分就業，內部產能最大化，包括僱員、工廠、機器、原料等生產元素都運用到極限時，赤字支出就再也沒有提升經濟的作用；到此，現代貨幣理論的願景宣告完成。Kelton 深信：「過度支出是權力的濫用，但如果明明可以做更多事提高人民生活素質又不會有通脹風險，但行使權力的人卻無所作為，他們就應為這失誤負責。」

理想很豐富 現實很骨感

Kelton 的理想很遠大，理論層面也沒有甚麼破綻。要是世界真能如她理論推算般發展，將會很美好，經濟危機出現的機會也大減。不過，我認為，這理論是建立在一些難以達成的條件上：

首先，美元的全球領導地位必須維持，而其他國家則心甘情願把實體產能雙手奉上，以供養這個世界宗主國。當然，美國應盡量減少用金融手段收割全世界，並負擔起其生產義務（例如輸出她的高科技、大學教育、醫療等），並協助其他國家提升技術與產能，發展各自的比較優勢，直到自由貿易和全球化走向效益最大化為止。

不過，美國似乎並不願意擔當這角色。她就如歷史洪流中每一個帝國一樣，不可能處於霸主地位時公平對待別國。美國並不收斂，以其儲備貨幣地位，令世界經濟難以穩定發展；憑一己意志和國內的需要，不斷的調控其貨幣政策（或量化寬鬆、或調控利率）。美國也不甘於實體經濟變弱，讓其他戰略玩家（特別是中國）取而代之，罔顧整個世界的經濟困境，猛然煞停寬鬆貨幣政策，企圖讓資本及產能回流。此舉雖收固本培元之效，卻極大程度傷害世界經濟和美國的信譽。如是，現代貨幣理論的理想就難以實行。

第二，政府必須極為高明，方可料準整個社會將獲得的產能提升，長遠來說可抵消福利支出的額度。全民就業當然很理想，但為此而進行之資源調配是極為困難的。誰可以準確預測某些工種的出現，並長遠一定帶來社會利益？例如選擇聘請一批社區看護員去照顧老人，還是把沒生產力的老人放在一旁、不管，直到他們生病才提供最基本的醫療費，哪種資源調

配更有成本效益？又例如聘請一批塑膠回收員做垃圾分類，保護環境，但短期而言，其成本效益一定比不上把塑膠垃圾隨便棄置，畢竟錢花的是現在，破壞了的環境是將來。很難想像有哪個政府可以抵住壓力，貫徹把這樣的長期政府，堅持下去。

而且，當政府提供一系列新工種時，勞動市場難免冒出大量尸位素餐者，蠶食社會資源，並造成資源錯配或浪費；加上在選舉制度下，政客傾向無所不用其極去討好選民，容易承諾更多福利開支。福利政策易請難送，如果政府承諾了又收回，難免引起民怨。結果往往是，在未得到勞動成果提升之前，嚴重通脹就轉眼便壓垮了經濟，整個福利政策也無以為繼。

第三，現代貨幣理論需要強大的政府力量參與，並作出有力的干預和協調，這比較接近社會主義的狀態，而且也需要由各國領導人通力合作。現今的財金政治之下，政治和商業緊緊綑綁，不同政客代表不同的利益集團，很難對國家發展做長遠的規劃，更不可能照顧到別國的需要，特別是發展中國家。結果，和過往一樣，政府繼續服從在金權之下。如果Kelton的理論不過是2008年後量化寬鬆的舊酒新瓶，那麼它對拯救世界經濟就完全起不到作用了。

「政府的錢」何去何從？

當下，美國正盡一切努力維持美元的地位，想重建人們對「政府的錢」的信心。然而，因為種種原因，從美國近年的行徑看來，她似乎更希望退回零和遊戲的你死我活，多於和世界一起達到共贏。國際局勢變幻莫測，中國正在以其經濟產能為基礎，嘗試繞開美元的控制；俄羅斯則以其豐富

的能源資源為基礎，試圖（或被迫）建立不使用美元的國際貿易方式。原來統治全球的金融和貨幣體系正在面臨前所未有的大亂局。一個美元體系下的「政府的錢」，能夠擊敗所有挑戰者並維持強勢嗎？美元將會被另一些「政府的錢」取代嗎？還是世界將進入「上帝的錢」和「人民的錢」所主導的年代？我們應該可以在不久的將來，清楚看到這個金錢權力的變局。

1.5 進入富人世界的「數學題」

作者：David Bach, 2019.

The Latte Factor: Why you Don't have to be Rich to Live Rich

《拿鐵因子》

　　如前兩章所説，世界經濟雖面對很大的困難、但由於這危機的規模實在太大，它在倒下之前也可以撐一段很長時間。換言之，整個市場看上去還會欣欣向榮。崩潰之前，大家若無其事地繼續生活。所以，即使你看破了賭局，也要懂得在這未能離場的賭枱上贏錢，這節談談我怎麼看待這場「金錢遊戲」。

富人和窮人的分界線

記得我提過大部分人的原廠設定都是負值嗎？想要過好自己的人生，首先要把這個負值搞成正數。

「負值」指我們的生活所需。很多人終其一生都在為口奔波，好不容易賺到的薪水就用來付帳單、付房租、付各項家庭開支等等。然後，回頭一看，原來已屆退休年齡，體力不支繼續工作了，又發現積蓄不多，隨即成為社會或子女的負擔。這樣的人生從頭到尾都是「負數」，頂多是「生存」而不是生活。

富人知道這道理，所以他們活在和窮人完全不同的世界，每天喝著紅酒，和朋友相聚，然後享受「時間」為他們生成財富。當窮人一直用勞力追著錢跑，富人根本不用勞動，錢就會追著他們跑。對窮人來說，時間是敵人，因為他們必須在年輕力壯時多賺錢，然後在變老之前存夠足夠的養老金；對富人來說，時間是他們的朋友，愈老愈多財富，所以設法讓自己活久一點。

兩種人的生活質素有天淵之別，但可幸的是，這條富人和窮人的分界線，並非是固態的。你和我都可以脫離這個負值，找回自己的自由和生活。

「金錢遊戲」的 ESBI

在我成長的那個年代（80後），幾乎每個人都看過《窮爸爸 • 富爸爸》（*Rich Dad Poor Dad: What the Rich Teach Their Kids About Money That the Poor and Middle Class Do Not!*），1997年出版，90後和千禧後反而不怎麼

看）。ESBI、「老鼠圈」和「現金流」這些概念，很多人以為自己了解，但能付諸實踐的人並沒有很多。

圖表1.5：ESBI財富的四象限

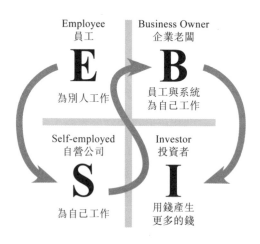

我和很多讀者朋友一樣，都經歷過整個ESBI的流程。不過幸運的我，留在打工（E）的時間不算很長，由2006年起大概就只有三四年，然後開始近8年的自僱（S）和經營事業（B）之路，到了2018年才算離開了這個區域，成為沉默合夥人（I）。同一時間，我持續學習有關投資（I）的知識，希望進一步提升財務實力，而我的頻道正正給我一邊學習投資知識，一邊也賺點收入。承蒙觀眾朋友的厚愛，他們資助我的閱讀學習，於是我每天在累積知識之餘，還貢獻社會，又能賺點外快，這樣的工作環境已沒甚麼可以抱怨。

你可能會問：「要達到財務自由，就一定得創業嗎？」還真不是。我的經歷並不是財務自由者的必經之路。有很多處於E階段的人都是專業人士

或高級公務員，他們可以在E的優厚條件下，跳過S和B，直接成為I——Investor——純投資者。這類人為數不少，而且他們的財務往往比經營生意的S和B更好。

「複利效應」是騙局？

在商場打滾了那麼久，我發現一個現象，就是窮人用勞動和時間追著錢跑，他們會把錢看得很重，對短時間的得失十分在意，例如會因為買貴了500元的雪櫃難過好幾天；但富人的思維有點不同，他們可能比窮人更著重財富，不過他們把錢視為「數字」。我有一個富人朋友跟我說，當人的財富到達一定程度之後，生活就是一條「數學題」，算好了，生活幾乎就是零風險。

這條「數學題」涉及複利效應。很多財務策劃師都愛說這一套：他們列出一個很長的表格，然後跟你說：「只要你每個月投XX來這個基金，到你退休之後，在複利效應下，就能滾存到XX的財富，這樣你的退休就有保障啦！」我知道不少朋友對這樣的說辭有點反感，不過財務策劃師其實說得沒錯，複利效應是如滾雪球的數學題，它恆久是對的，騙人的是那些聲稱能獲得多少回報的「投資產品」而已。對於專業投資者（I）來說，他們最重要是要找到那些年回報率5至7%的產品，通過複利效應，這些富人只需把命延長一點，就可以把財富累積，千秋萬代。

複利效應的理論在於：時間是有價值的。對於古代人，他們也明白時間會讓財富變多：把牛羊放養在草地，牠們會隨時間成長，成長速度受草地肥沃程度、天氣、牲畜健康狀況等因素影響。但人類也會隨著時間消耗肉食，他們必須找到方法，讓糧食生產的速度超過消耗的速度，這樣才達到糧食自足。達到這狀況的話，時間愈過去，產生的財富就會愈多。古代

人稱因時間所產生的額外財富就叫做「利息」，古蘇美語中，他們稱利息為「mash」，意思是小牛（母牛買一送一，多生出來的子嗣），古希臘也用「Tokos」來為利息命名，意即繁衍出來的牲口。所以，由此而知利息是在畜牧的過程中被發明的。

不過，一頭母牛不會不斷生小牛，可能就生那麼幾胎，然後老死。古人獲得一隻母牛後，不會笨到期待母牛一直生產，而是會適時把資源分配給更能長肉和生產下一代的小牛。同理，一件投資物不會一直產生複利效應，我們要懂得在適當時候，把資源轉移到另一個投資品。所以，**財務自由不是結果，而是一個過程，它需要以我們的「財商」維持**，篇幅關係，我不打算探討不同投資品的投資價值（我也不是這方面的專家），所以請大家用你的智慧，好好算一下這條複雜的人生數學題。

省出個未來！

理財大師David Bach的《拿鐵因子—最小又最強的致富習慣》，簡單且直接地道出財務自由的秘訣，每個人都可做到的最重要習慣：儲蓄。我認識的有錢人，沒有一個不是錙銖必較，除非他是個敗家子。富人大都是優秀的儲蓄者，有非常自律的量入為出習慣。對於物質，富人不會感情用事，喜歡與否並不重要，他們的滿足感來自「賺錢」本身。所以富人家中的奢侈品，絕大多數都有比買入價更高的價值。中產階層則大多很著重生活品味，通常賺得多花得也多，這是他們沒「升級」為富人的原因。至於窮人，他們錢不多，但嚮往片刻的虛榮，有時倒願意花大筆錢「享受」一下，或買來一堆用來炫耀卻沒市場價值的奢侈品。窮人更重視「面子」或即時享受，這也是他們一直貧窮的主因。

我在前文分享創業的經歷，説來好像多厲害似的，其實一點都不。我只是比一般人更省、更節儉、更能刻苦，在年輕的時候拼命忍住想要消費的衝動罷了。到現在，我還是非常小心的量入為出，看好每年的資產負債表（那就是記錄支出多少、收入多少），避免買不需要的奢侈品，這需要很強的紀律，時刻提醒自己「延遲享樂」的重要性。當我的朋友，甚至為我工作的員工都在開車、買名錶時，我拒絕了這些誘惑。

那些和我同期畢業、收入水平相當的同學，當他們進入職場後，每月付房租、車貸等開支時，我咬住牙關，開始創業，也把買房的首期存起來，在26歲那年買下第一間物業收租。到今天，物業已升值了3倍。當中我還做了幾次加按，投資別的房地產。在開始了基本的財務自由之後（不止靠工作而能產生正現金流），我便思考怎樣把這個正現金流擴大，以及檢視現在的那隻（或數隻）母牛是否已經老去，得換到別的小牛。10年過去了，當我優游自在做文化工作，不太在意收入時，有些同學還是抱怨生活艱難，覺得困在每天朝九晚五。

作為一個過來人，最深刻的體會是：30歲時獲得財務自由，和65時才獲得，你過的是完全不一樣的人生！假設你有75歲的壽命，30歲獲得財務自由，代表你有45年以「複利效應」來累積財富；65歲的話則只有10年（更別説累到65歲的話，到底75歲時身體會怎麼樣）。愈早開始有正現金流，愈早開始進入富人世界的「數學題」。

先付錢給自己 再付帳單

在沒有達成財務自由之前，你的人生都還是負數（清崎稱之為「老鼠

圈」)。每個人的一生，總會遇上幾次難得的致富機會，它們肯定需要你投放資源上去，要不是你的勞力和時間（經營一門生意）、要不就是你可以動用的一筆錢（一個投資標的）。勞力和時間注碼往往只有一注，我不認為你可以同時兼顧幾份事業；可是你可在同一時段，把錢放到多個投資標的，這需要未雨綢繆，一早把錢存起來，適時投資。

別小看那省吃節用、少買一隻名錶存下來的十萬八萬。《拿鐵因子》作者揭示，**財務自由的一個重要秘密是「先付錢給自己」**：下一個月拿到收入時，別先急著拿去花，付帳單、保險、房租，剩下來才儲蓄，這是窮人的習慣（「收入 - 支出＝儲蓄」）。富人思維是先把一部分錢存起來，再付帳單、保險、房租和日常花費（「收入 - 儲蓄＝支出」），聽起來好像沒太大分別，可是養成這個習慣和心態後，你會發現，生活原來有很多「非必要的開支」可以立刻捨去，儲蓄成效大大提高。

一切都會隨時間好起來，除了錢？

人生在世，很多事都會隨時間慢慢好起來：失戀了，傷得撕心裂肺最終還是會好起來；朋友之間的嫌隙，時間久了都會放下；即使經濟崩潰，也會在下個週期逐漸好轉；深如民族仇恨也可能會經年月逐漸褪色……

唯獨你的財政狀況，是「不會」自動隨時間好起來的，除非你學識「富人的數學題」！如果你現在過得很窘困，別妄想過一陣子就會好轉，它極可能愈來愈惡化。我們能賺錢的日子就那麼二三十年，你想要過窮人抑或富人的人生，應該盡早好好規劃及付諸實踐了。

When you pay yourself first, what you're really doing is putting yourself first.

當你先付錢給自己，你真正在做的就是把自己放在第一位。

———《拿鐵因子》

靠借貸度日的人
生活很「忙」！

《匱乏經濟學》

　　「信貸」是人類文明的里程碑，也是經濟活動不可或缺的一部分。沒有信貸的話，我們買房子只有「一筆過付款」一途、建築商不會動工、工廠也不會生產。人們通過信貸，挪動未來的錢作今天的投資、也把今天閒置的錢借予有需要的人進行經濟活動，讓社會資源得到更有效的運用。

「財富自由」的兩刃劍

然而，「信貸」是一把兩刃劍：富人玩得很嫻熟，能通過借貸累積更多財富，例如在低息週期中，以銀行的低息貸款投到高增長的項目中，從中套取利差；窮人反過來被信貸玩弄，要不被銀行剝削（存錢在銀行的本質是「借」錢給銀行，所以銀行要付存戶利息）、要不就因為入不敷出，弄得要借貸度日、欠債累累。富人的欠債是游刃有餘；窮人欠債則是壓力山大。

我們身邊總有幾個愛問人「借錢」的親戚朋友(或本來是親友，開始借錢之後就不想跟他有關係了)，他們向你借錢時，你多半對他們沒甚麼好印象吧，可能明知借了就等於「丟錢落海」，肯定拿不回來。

你可有發覺，靠借貸度日的人生活很「忙」，總是每一刻都在煩惱：煩惱下個月的信用卡帳單要怎麼交、煩惱租金繳不來房東的催款電話、煩惱追債公司的彪形大漢在家樓下等著、煩惱通訊錄中還有哪個朋友可以犧牲掉（因為借了錢通常就不再是朋友，「使用次數」只有一次）。這種人有兩個面孔：問人借錢時笑容滿面、卑躬屈膝、只求你幫他一次；到別人催他還錢時，先是面有難色借意推搪、後則反臉不認人，把朋友當作仇人。這樣的人活得非常糟糕，基本上把一切都拋棄，包括朋友、親人和做人的尊嚴。

要說在財富自由的道路上，你必須要避免的第一件事，肯定就是掉入債務陷阱！債務陷阱的定義，是舉債的行為非但沒有提升我們資產的預期回報，更讓自己陷入更深的債務泥沼之中，要還的利息沒完沒了，永遠還不清，是反面的複息效應。

拋接球效應

一個放諸四海、古今未來皆準的定律是：任何的個人、企業或政府，都要處理同樣的財務問題，那就是長遠的資產負債表必須為正數，否則將難以維持（前文 1.4 章節提到，擁有儲備貨幣地位的大國以為自己可以例外）。當資產負債表出現負數，我們的財務狀況就亮起紅燈，需要非常警惕。多數人在這個情況下，可選擇舉債。其實，適當的舉債於財務自由有益無害，但要留意你舉債是用來幹甚麼的。一個健康的舉債行為，應產生正回報以抵消舉債時的利息支出；反之，則會令你逐漸陷入債務泥沼之中。

還債是所有支出項目中，最優先需要處理的（原因很簡單，你要是沒有還樓房按揭，下幾個月你就要睡在街上）。萬一進入了債務泥沼，生活的「難度」就會大增。想像一下，馬戲團的小丑在耍拋接球的雜技，拋接 3 個球還是很輕鬆，能跟觀眾開開玩笑，做個鬼臉；但隨著拋接球的數量愈來愈多，肯定就輕鬆不來；到了 7 個球同時拋，他連表情都沒有了，不可能空出手來處理其他問題。進入債務陷阱，於「拋接球效應」之下，就等於同時在拋 7 個球一樣，全部球掉到地上只是時間問題。

「匱乏」的惡性循環

《匱乏經濟學》的作者是經濟學者穆蘭納珊（Sendhil Mullainathan）和夏菲爾（Eldar Shafir）教授，他們做了多項研究實驗，證明匱乏（Scarcity）可擄獲人的心智。當人處於匱乏時，看事物的視角變狹窄，它會觸發「專注紅利」（Focus Dividend）以及「隧道視覺」（Tunnel Vision）。譬如說，當

人挨餓的時間愈長，除了會對食物有愈強烈的佔有欲之外，還會形成一些「不相關」的技能和意志，例如對食譜和菜單有強烈的著迷、會花幾個小時比較不同食物的差異、會「立志」要務農或開餐廳、看電影只記得和食物有關的場景等等。當出現食物匱乏，它便成了生活的核心，其他一切皆可放棄。匱乏有個特性，它會自我實現並觸發漣漪效應，使情況惡化。只要出現匱乏，人就容易墜入其無限輪迴之中。

書中提及印度市集一個發人深省的現象；在科亞姆貝都市場，有個延綿40幾畝地的超大型市集。這裡有2500多間商店，商品五花八門，客人成千上萬的在市集穿梭。市場賣的主要是低價商品，一名小販每天可以做1100盧比的生意，當中1000盧比是貨款，100盧比則是利潤，折合約2美元多一點。部分攤販的1000貨款是自己的錢，但有三分之二攤販的1000盧比貨款是借回來的，每日利息5%（50盧比），等於每天營利的一半。

其實，這些攤販要儲蓄1000貨款不是難事：只需每天儲5盧比（把100盧比的利潤，撥5%到明天做貨款），以每天利潤10%來說，在複利效應下50天就可儲到1000，然後擺脫借錢經營，不用再還利息，讓收入增加一倍。這個方法非常簡單，要成功幾乎沒有難度，但大部分攤販竟然沒這樣做。科亞姆貝都市場的攤販，平均借貸時間為9.6年，很驚人吧？

《匱乏經濟學》的作者其後又做了個實驗：把攤販自資經營所需要的貨款（1000盧比）送贈他們，讓他們即時脫離債務陷阱，然後追蹤其經濟狀況，看看會不會逐漸擺脫貧窮。結果令人驚訝，攤販相繼回到借貸度日的老路，幾乎無一倖免。原來，他們當這資金是一筆意外之財，立刻花掉了。處於「匱乏」狀況的人，多數不知道自己處於一種惡性循環，慣於處身拋接球狀態（借貸勉強度日），卻很少有意識主動去解決債務問題。這些人

The poor stay poor, the lonely stay lonely, the busy stay busy, and diets fail. Scarcity creates a mindset that perpetuates scarcity.

窮人還是窮人，寂寞的人還是寂寞的人，忙人還是忙人，一再節食，還是失敗。匱乏創造了一種使匱乏「永久化」的心態。

——《匱乏經濟學》

都已經慣於貧窮生活，一時三刻把他們拉出來，反而會不習慣，就如那些流浪漢就算贏了彩票突然有了幾百萬，沒多久又會把錢花光，回到流浪生活，回到「匱乏」泥沼之中，墜入無限輪迴。

時間的價值

「匱乏」可不止影響財政狀況，也左右了我們思考時間的價值。想像一下，有一天你逛街想要喝珍珠奶茶，剛好身旁有一家珍奶店，一杯茶的價錢是35塊。你正想要買，卻發現20分鐘步程開外的另一家店在做推廣，可免費贈飲。只需走20分鐘就可以省下35塊錢，你要去嗎？應該蠻多人會去撿這個小便宜（我也會去）。現在請思考另一個場景：你打算買一張1000塊錢的小沙發，但在20分鐘步行路程的另外一家店，同一張沙發只賣965塊，走20分鐘就可以省下35塊錢，你要去嗎？相信要這樣做的人變少了。同樣的邏輯，當想買的是一隻100,000元的名貴手錶，幾乎沒有人會為省下35塊錢而多走20分鐘的路。

説到這裡就奇怪了，20分鐘的時間，對於同一個人的價值應該相同的；理性來説，我們只需問：「35塊錢，是否值得花20分鐘去省回來？」如果我認為自己20分鐘的價值是100塊，花掉20分鐘只換得35塊，那就不應該做。但人並不是這樣理性的。從上述例子看來，我們看待時間的價值，其實是「相對」的。

窮人「覺得」自己的時間不值錢，所以常去貪小便宜；富人則較不會受到免費奶茶的誘惑，因為對他們來説，時間價值比免費奶茶更高。有一句話叫「不用錢的才最貴」，你有沒有看過誰靠撿贈品、到處抽獎碰運氣而致

富？我們總覺只要沒花錢就不吃虧，但卻沒有想到，由出生第一天起我們就不斷消耗非常寶貴的時間，而時間的複利效應極大，經不起半點浪費。愈充裕的人，才愈能看清時間的價值。所以，下次再看到哪裡有免費的小東西，需要走一趟、或花 20 分鐘下載、登入、填資料，請先想想，再決定要不要拿。

匱乏的「好處」：專注紅利

不過，我認為，有效利用「匱乏」也是一種智慧。從小到大，我就是個精明的消費者。小學時家裡窮，我每天的零用錢是 3 元，我清楚記得一包 250ml 的維他奶當時剛好是 3 元、而我最愛的「朱奶」（朱古力口味的牛奶）則是 4 元（怎麼那麼貴！）。以我當時的財力來說，紙包飲品是奢侈品，不可能每天喝，所以我會帶上自己的水樽。那時候，小賣部有賣每包一塊錢的零食，例如「媽咪麵」或各式沒牌子的味精小包裝零食。同學沒我那麼窮，一些「富戶」在小休時經常手持維他奶加一袋「卡樂 B」（價值 3 元）。當時同學都聚在一起打打鬧鬧分享食物，我就買一包一塊錢的，然後和富戶同學混在一起吃，雖然喝不到維他奶（一起吸同一條管很髒），可是每天總能用便宜的蝦條換幾片「熱浪」，6 年的小學生活不知省下了多少錢。隨著我慢慢長大，「鐸叔」（粵語，意指孤寒、斤斤計較）的個性完全沒變，買甚麼東西都愛算。我是超市專家，幾乎對每件零食的「合理價」，都有清楚概念和敏銳的觸覺。

這就是匱乏所造成的「專注紅利」（Focus Dividend）。當處於任何的匱乏狀況，心智會被徵用於專注處理某些事情：考試前一晚溫習的效率特別

高、護膚品快用完會特別省著用、寫作有字數限制時會字字珠璣等等，當然還包括`像我處於匱乏時各種「精明」行為。為甚麼多數窮人家的孩子，都更有發憤圖強的動力？正是因為其有所欠缺。所以，有效利用匱乏，苛刻一點對待孩子，迫使他們發展專注紅利，又不至於讓他們因過分匱乏而迷失心智，是重要的教育方式。很多出色的企業家，也是由身無分文到白手興家的。

順境波逆境波

足球比賽，最適合用來比喻「匱乏經濟學」：首先進球的一隊，踢的是「順境波」；落後的一隊踢的是「逆境波」。前者處於「寬鬆」；後者處於「匱乏」。

領先的隊伍可以做的選擇很多：主動搶攻，拉大比數優勢，就算不幸在進攻過程中失誤，被反擊得手，也只是回到打平的狀態，重新開始。領先隊也可以選擇全員防守，拖到時間完結。落後的隊伍就不同了，不管它是攻擊型或防守型的球隊，它的選擇只有一個，就是搶攻，盡快拉平比數。搶攻狀態必然犧牲防守能力，有可能讓對手反擊得手拉開比數。所以領先隊的壓力比較小，踢起來更輕鬆；落後隊伍的壓力較大，踢起來特別辛苦。

我們的人生預設，就像一場正在落後的球賽。生活中落後的分數，正正是必須應付的衣食住行各種開支。我們得先把比分拉平，才可以實行自己的人生規劃。小比數的落後還不算難以追回，但任由比數一直擴大（永遠身陷「匱乏」），生活可以選擇的就變得更少。

雖然大家聽過一些名人破產又東山再起的故事（例如美國前總統特朗普就曾經破產7次，每次都能捲土重來），可是因為破產和嚴重匱乏而導致一蹶不振的個案，應該遠比成功的多。我並不嚮往大起大落的人生，而且也不認為有人會主動令自己陷於破產，以感受財政的匱乏壓力，去獲得賺錢的「專注紅利」。

　　所以在財務上，請時刻保持戶口的「寬鬆」，留一點緩衝資金給自己處理突發情況。別像半數美國人一樣，緊急時連2000美金都籌不出來，行有餘力就給自己買一份醫療保險，避免突發醫療開支讓自己掉入匱乏陷阱。時間管理上，出門多預留點時間，避免有意外打亂行程；緊急的事情早點開始做，別讓時間匱乏的壓力，造成工作質素下降等等。

　　提提你，不要只忙於拋接球，我們的生活才有自由。

第二章

掌握「人性」，
才有強大的人脈。

2.1

作者：村西透．2018

一生所求：
別人的認同感

《AV帝王說服術》

　　從第一章的論述，我們應已了解：因為資源有限，每個人都想獲得更多，但每個人的「原廠設定」並沒有那麼中性，所以世界必然發展成由小部分非常聰明的人，支配著絕大多數平庸的人。

　　每個人只有一雙手，工作的時間就這麼多，所以如果沒有辦法讓別人為我們工作，只憑自己的產出就必定有限。要倍增自己的時間，能支配多少人「為我工作」是關鍵，也將決定我們最終可以擁有多少資源。要讓更多人願意為我們的利益（或共同利益）去付出，了解「人性」就是重中之重。

成為「支配者」，或「被支配者」？

論及人性的經典著作，戴爾 • 卡內基（Dale Carnegie）的 *How to Win Friends and Influence People*（1936）肯定無人不知。我覺得中文譯名《人性的弱點》更為傳神，把中英文書名結合起來，就是全書的重點：「利用人性的弱點，來獲取友誼和影響別人的能力」。《人性的弱點》太過普及，當中理論已多被引用，所以這裡我就不打算詳談。

相反，一本不怎麼讓人喜歡，或者介紹它亦可能遭衛道之士攻擊的「好書」，我認為更精準和實用地處理人性的實際問題。而且作者的傳奇經歷，絕對把「人性的弱點」利用到淋漓盡致、把「支配者」的力量發揮極限。所以，且容我在論及人際關係網的這一章，以它 —— 《AV帝王說服術》作為開頭。

逆境智商與街頭智慧

我不確定這本書的作者 —— 暗黑電影界的「AV帝王」村西透導演，有沒有看過《人性的弱點》，但從他經歷破產、犯法7次銀鐺入獄，甚至被FBI拘捕並判刑370年，而後又順利脫身。他試過生意倒閉破產，幾乎被債主迫死，又曾因重病幾乎沒命，其後在極端壓力下逆轉人生、進軍日本電影業，並成為AV影業大亨，當中的成功之道，離不開對人性有深刻的認知和體會。

就像第一章提及的聰明又粗鄙的胖子東尼一樣，村西透並沒有金光閃閃的背景光環，只有爆表的逆境智商和滿滿的街頭智慧。他在事業生涯

中，需要向人銷售的「東西」是最難以接受的：如果能在太平盛世，說服一個又一個生活得還不錯的年輕女生，寬衣解帶去接拍成人電影，還有甚麼他做不了的呢？

　　相信有不少讀者覺得，這樣一個具爭議性的人物沒甚麼可借鏡，要向這樣一個人物學習，只會敗壞社會風氣而已。對於這樣的想法，我完全能夠理解，但古人說：「智無常局，以恰肖其局者為上。故愚夫或現其一得，而曉人反失諸千慮。」（見馮夢龍《智囊全集》的〈上智篇〉），意即「智慧」並沒有所謂的常態，採用恰如其分對策的人，就是有智慧的人。一個人要怎樣運用他的智慧，自然有道德上的高低，可是智慧本身並沒有對錯。最具爭議性的人，不管是村西導演、或「華爾街狼人」Jordan Belfort 等，都有很多可提煉出來予人學習的街頭智慧。要是你打從心底裡鄙視一個人，又怎能從他身上學習？所以希望讀者在此先不要帶上太多的道德判斷。

人性最根本的渴望

　　食色性也。動物的本能離不開物欲、食欲，性欲等，可是這些欲望都有其極限，當滿足到了一定程度之後，就不會繼續索求。你可能不同意，因為我們還是會看到，很多人擁有非常好的生活條件後，還是不停的買車買樓房買奢侈品，那不正正就是他們的物欲永遠都不能滿足嗎？

　　其實，人總愛增加自己擁有的資源，其目的並不為了資源本身，而是為了更深層次的東西：「**受到別人的重視**」；無論是追求金錢、物質、權力或影響力，其終極目的是在追求**別人的認同感**。如果世上只剩下自己一個人，不需要和其他人互動，那個人大概會活得很隨意，對金銀珠寶等奢侈

不會問、不敢問問題？
先聽對方說七成；
當交涉僵持不下，
你得重複對方的話。

——《AV帝王說服術》

品一點興趣都沒有。古今中外的政治領袖、帝王將相，盡管已征服了世界大片疆域，明明物質早已不虞匱乏，但只要在其能力之內可以獲取更多，他們還是樂此不疲繼續征伐，直到宇宙最後一個角落都在落在他掌控之中，為的是別人的臣服。

有趣的是，我們要的影響力和別人的認同感，不僅在我們有生之年，甚至延至離世之後。幾乎每個人都重視身後之名、重視歷史的評價。明明自己都看不到了，還是認為「後世的人怎麼看我？」很重要。你可能覺得這樣想有點無謂，自尋煩惱；可這種對「認同感」無止境的、永不滿足的渴望，就是人類與生俱來的天性。掌握這一點，就能明白人與人關係之中最根本的道理。

推薦這本書讓我有點猶豫，因為這些街頭智慧威力太大，如果落在心術不正的人身上，對社會未必有益；但學會了好好運用，應該令你的工作、生活變得無往而不利。所以，知識和智慧就放在這裡，要怎樣運用就是讀者的事了。而且，學會了也有效預防別人對你灌這些迷湯，避免墮入別人的心理詭計之中。我把村西透的心法和伎倆，整理成以下幾點：

第一，絕不輕看別人！

村西導演的成功之道，首要是絕對的尊重女性。一般人對於 AV 女優多有負面看法，覺得她們貪慕虛榮、不愛惜自己身體等等，而像村西透這樣的人，大家以為他肯定看不起女性，把大量女優玩弄在股掌之中，事實卻非如此。在他的導演生涯，沒說過一句針對女性的壞話。他旗下的女優，絕大多數對他心悅誠服，因為他對她們付出了真誠的關心，也樂於花

重金帶她們去好好打扮，買名貴的東西，導演把她們當成寶貝，而不是不值得珍惜的棋子，這是其成功的重要關鍵。

把自己看得太重的人，才會將別人視為不重要。我年輕的時候，也曾有點少年得志，看不起別人的時候。後來，在中國大陸工作的一天，不知道哪裡蹦出一位高人（叔父輩的友人，是一位長者），他明明不認識我，盯住我打量一番說：「這小伙很聰明，可是看不起別人，早晚得惹禍！」當時我非常驚訝，為甚麼自己的小心思都給看穿了，叔父後來告訴我，這位長者和他太太都是當地有名的面相專家。我對面相之說從來半信半疑，可這位師傅給的評語我銘記在心，慢慢把自視甚高的毛病改正過來。

第二，「只用」對方的立場思考

1992 年，村西導演經歷事業的低潮，欠下 50 億日圓的債務並宣告破產。由於他一直都揮金如土、生活奢華，突然欠下巨債又破產，似乎再無翻身的可能。一天，曾經借他 5000 萬日圓的朋友要求見面，口氣頗為強硬，村西心知不妙，只能硬著頭皮赴約。這個朋友載他去了一個水壩，讓他下車，然後跟他說：「我借你的錢不用還了，我放棄了，不過你得從這裡跳下去。」村西向下望，那水壩超過 100 公尺高，跳下去絕對死路一條。情急之下，他想起多年銷售經驗中對「人性」的領悟，決定放手一博，看看可會有一線生機。他跪下來向朋友說了以下的話：

　　──「我明白那種被朋友背叛的悔恨，明明好心借
　　人 5000 萬卻要不回來，如果是我早就拿刀子捅死對方
　　了，所以你會痛恨我是理所當然的。想到你也是無可奈

何才出此對策，令我羞愧得無言以對。當初因為同情我
借錢給我，卻遭遇這些事，你一定也很痛苦。可是，如
果我真的從這裡跳下去，那就真的辜負了你當初的好
意，不僅沒要回錢，還要你飽受罪惡感的折磨，一想到
這裡我實在是慚愧無比，就算死也不瞑目啊！」

村西用這樣的方式和朋友道歉了一個小時，換來朋友輕輕的說一聲：
「回去吧」，朋友的臉除下最初的暴戾，變回那個和藹可親的臉。就這樣，
村西撿回了一命，一年後他還清這5000萬。

你看清楚「在對方立場思考」的威力嗎？村西並沒有以自己的角度出
發，說「我沒有錢我能怎麼辦？」、「你放過我吧，我有錢的時候肯定會還
給你！」、「你一直追我，我沒有就是沒有啊，你殺了我我也沒錢！」，這
些話都是以自己為出發點；可是村西跟朋友道歉的一番說話，幾乎完全站
在對方的角度思考，理解對方被背叛和辜負的感受，然後指出自己的命不
值錢，但一死了之就不能履行還錢的承諾，還令朋友為此負上罪惡感，才
是對朋友最大的傷害。這些「在對方立場思考」的說話，令朋友的態度180
度轉變。

第三，運用讚美的小技巧

村西導演除了不說女生半句壞話，他對旗下女優或來洽談的女生都樂
於送上真誠的稱讚。他在稱讚別人時，採用一個小技巧，就是把稱讚「藏
在問題之中」。甚麼意思呢？譬如說：當你稱讚對方「你的皮膚真好！」，
對方的反應可能是：「哎呀哪有！」或者如果稱讚者表達方式不好，就更有

一分色瞇瞇的感覺，造成尷尬。但如果你用問題的方式表達同一意思說：「你的皮膚真好，是怎樣做保養的？」。兩者的分別就很大。後者聽起來更真實，而且把稱讚時可能造成的尷尬，以邀請對方分享「怎麼做保養」帶過去。所有人都喜歡分享自己引以為傲的東西，所以以問題方式來稱讚，不但收到讚美和肯定的效果，還可以讓對方暢所欲言分享心得，一箭雙鵰。

第四：怎麼戲那麼多？

1970年代，村西導演在投身AV影業前，曾經經營遊戲機出租（以前的雜貨店，不都愛放一兩台遊戲機給小孩投幣的嘛？玩的是很爛但小朋友超愛的遊戲）。有一次，他一個客戶店裡的遊戲機出現故障，熒幕沒有畫面、做不到生意，店家要求村西趕緊去修理。但當時交通很不發達，村西來不及當天送新的遊戲機去更換，所以隔天當他到達時，他知道店家肯定要大發雷霆，於是他進入店家前先換上一套純白色、很乾淨的西裝西褲。這套白色的制服是用來幹甚麼的呢？

村西進店時，店家一如預期在大吵大鬧，村西鄭重向店家道歉，然後立刻從車上搬出新的遊戲機來更換。過程中，30公斤重的的遊戲機讓他搬得十分狼狽，地上的泥巴和塵埃自然把白色衣服弄得非常髒。店家見到村西搬得滿頭大汗，整個人及全身西裝從白色變成了灰黑色時，氣已消了一大半，態度還180度轉變，招待搬完遊戲機的村西喝咖啡，結果生意當然是保住了。村西說，那套便宜的白色西裝，是用來「演戲」用的。相對一個客戶的生意和信心，這套西裝不值一提，這種「精彩的演出」都不知在他的事業生涯中幫助了他多少次。下次，遇到讓你困窘的狀況，要是嘴巴沒法子說得過去，那就演吧，說不定能救你一命。

第五：不同意也好，先做「應聲蟲」

村西導演也辦過成人雜誌。有一次，幫助他們印刷雜誌的公司，竟然在正版發行之前兩天，偷印了一堆來開售圖利，這當然是違約行為。換作你，肯定會去大興問罪，當時的村西也不例外。

當他怒氣沖沖走到印刷公司，跟老闆理論時，老闆是個退役的老軍人，非常固執。明知自己錯了還不認錯，蠻不講理的罵道：「我做了就做了，你想怎樣？老人家也不是好欺負的！」村西當然怒火中燒，正要發難之際，想起「重複法」的重要性。他竟然回應了一句：「這的確像在欺負老人呢……」結果這個老頭說：「沒錯，你遲早都會變成像我這樣的老頭，欺負老人你不會有甚麼好下場。」村西忍著氣：「你說得沒錯，我實在不該對老人家這樣失禮。」

結果，老頭答應他只是錯了一次，以後也不會做這樣的事，後來他也真的沒再做了。這次做了「應聲蟲」的村西，解決了問題，又挽回了和合作方的關係。下次，在對方明明做錯事的情況下，你試試沉著氣用上這個「重複法」，保證能收到意想不到的成果。

「弱點」是人際關係最好的潤滑劑

村西導演的故事，已改編成電視劇《全裸監督》。跟飾演村西的日本演員山田孝之大不同，現實的村西在外表上並不算充滿魅力，但絲毫無損他的口才，因為說服別人的關鍵在於掌握人性，而不在於說服者的個人魅力。

村西的公司有一名最厲害的星探，成功「打動」無數少女下海拍片。這名星探外表平庸，身材矮小，但這正正是他的優點。每次街上的女生對他冒昧的要求表示反感時，他都會說「給我 5 分鐘聊幾句吧，你看我這樣子能有甚麼威脅？」結果他充分發揮了「身材矮小讓人安心」這個優勢，因為正常人和氣場太強大的人聊天會有壓力；反而跟看上去弱小一點的會比較自在。這名星探善用自己的缺點、勇於自嘲，反而造就他工作表現的無比自信。讓人失去戒心，這就是其成功之道。

老實說，以上技巧的確很有智慧，但也很陰險，完全可以偽裝出來的。要是落在心術不正的人身上，就很容易套路別人。但村西導演的成功，並不是因為他懂得套路別人，這位狂人雖然行為乖張，但卻不是一個壞心腸的人。他的人生中充滿協助他的朋友，在一次次的失敗當中，村西負債累累，欠下很多至親好友的錢，甚至有人是借錢回來給他度過難關的。他說如果自己一走了之，可能累到親友喪命，所以一直堅持下去。所以，希望大家謹記，即使掌握這些說服術，如欠缺對別人真誠的關懷，也不會獲得真正的成功。

2.2

信任度
方程式

作者：David H. Maister, Charles H. GreenRobert M. Galford, 2000

The Trusted Advisor

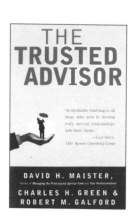

The Trusted Advisor

　　生活中，我們沒有甚麼不是靠人脈搞定的：找工作、找裝修師傅、找外科手術醫生，找地產代理。找人辦事，在可能的情況下，你會更相信「熟人介紹」多於自己上網亂找。調查顯示，絕大多數人（60至90%）都是通過「朋友」介紹而成功求職，或找到滿意的員工。當中的重要原因是，有人保薦等於突破了第一重的信任阻礙。

　　我們天生「不信任」別人，所以得花巨大成本去「防範」：家中的大門、上鎖的夾萬、買賣雙方的中介平台、貸款申請人或生意

合夥人的背景調查等等。所以做生意最重要是「口碑」，也就是信譽，信譽可以用一輩子來建立，也可以在一天之間完全失去。如果你在圈子之中，是個可以信任的人，你會獲得極多好處和工作機會；相反，要是你是一個失信之人，一切機會也會離你遠去。換言之，信譽度的高低，大概就等於一個人的人際網絡好壞。

當別人信任你時

當你擁有高信譽度時，可以擁有以下這些用錢都買不到的好處，因為你身邊的人會：

1.) 更願意來接觸你

2.) 對於你的建議有主觀偏好

3.) 相信你的判斷和直覺

4.) 會讓你參與他生命中更重要的決定

5.) 用你希望的方式來對待你

6.) 尊重你的意見

7.) 跟你分享更多私密的資訊

8.) 毫不懷疑使用你提供的服務、產品

9.) 把你提供的服務、產品介紹給身邊的人

10.) 和你交流時會更放鬆自在，也讓你感到自在

11.) 就算有所懷疑，還是願意先相信你

12.) 在你犯錯時原諒你

13.) 在你需要時，保護你的利益

14.) 提醒你有關你正在面對的風險

15.) 在有需要的初期就讓你幫忙，而不是在事件的中後期

看到這些好處了吧？試想想如果你身邊的所有朋友，都會對你做以上的事，你將會比其他人多出多少優勢？

不同的關係　不同的信任度

在不同的人際關係中，我們與他人的關係深度也有所不同：陌生人、同事、朋友和家人之間就有很大差別，關係深度不同，源於我們對其信任度的不同。

我當企業培訓的顧問時，參考了來自哈佛大學的一個學術理論，當中具體描述人關係的4個信任等級，提及一名企業顧問應如何和客戶產生信任，以下我提取了當中的理論框架，作出些微修改以應用在更廣闊的人際關係之中。你可以檢視一下自己與某人的關係：你們主要交流的事情，以及交流中獲得的東西，去判斷雙方的互信程度，看看屬於以下4個由低至高的哪一層信任等級：

1.) **提供服務（Service-based）**，泛指客人和服務提供者的關係。在一般的買賣交易中，雙方只有最基本的互信程度，主要交流「資訊」

（Information），事情的推進（銷售），著力點在於（賣方）「解說」（Explaining）的清晰度和質素。

2.) 工作需要（Needs-based），一般指同事或生意夥伴之間的關係，關係深度要比第一等級高。在公司內部、或企業間的合作，雙方主要交流「解決問題」（Problem-Solving），例如一同協作去完成項目，事情推進取決於「方案」（Solutions）的好壞。

3.) 社交友誼（Relationship-based），指從社交場合下認識的朋友、老同學等的關係，關係深度多比第二等級為高。在社交場合之中，雙方主要交流「分享見解」（Providing-insights），事情推進取決於「想法」（Ideas），意思是志趣相投的人，關係會推進得更快。

4.) 信任（Trust-based），以上任何等級的人際關係，都可以發展成信任關係，這個關係深度會比前幾個等級都高。兩個互信的人，交流主要在於「理解」（Understanding），雙方都會在交流中得到（生活各種難題的）安頓感（Safe Haven for Hard Issues）。

對於這個信任等級，我有深刻的體會。在擔任企業顧問時，我曾接下一個大企業的管理人培訓項目，在5天4夜的工作坊中，我和顧問團隊需要了解企業高管的管理能力，還有其下屬對領導曾的向心力。當中有些管理層極為強勢利落、也有些溫和柔順。部分管理層深得下屬的愛戴，大家打成一片；也有一些和下屬只存在同事關係，頗為疏離。當中一名領導「陳總」，是帶領200多人團隊的華南區銷售總監，年營業額超過10億人民幣。這位領導極強勢、思考敏銳、能幹、爽直、個性鮮明，而且團隊成績亮眼，理應受到所有人的歡迎。但從他口中得知，他跟每一個下屬，都只維持工作關係，在200多人的團隊中幾乎沒找到一個朋友，更別說可以信任

的人（指的是推心置腹））。及後，我們對他的處事方式的研究，得知了他難以和團隊建立信任的原因。在解釋這些原因前，先認識對我們人際網路貢獻最大的一條方程式。

信任度方程式

從事企業顧問工作的人，都會讀David H. Maister所著的 The Trusted Advisor，書中介紹了一條令我畢生受用的方程式，想要建立良好人際網絡和獲得別入的信任，請謹記這個公式：

$$信任度Trust = \frac{聲望Credibility + 可靠度Reliability + 親密度Intimacy}{自我傾向Self\text{-}Orientation}$$

- 信任度不是客觀存在於某人，而是相對於不同對象有所不同：就算我普遍獲得朋友圈中的信任，也可能有一兩個人對我完全不信任。所以，你必須針對個別對象建立你的信任度。

- 聲望是一個人的外在特質，多屬客觀上的條件：例如某名權威的外科醫生的專業認證、牌照、獎項、坊間對他的專業評價等等。

- 可靠度在於一個人過去被交託任務時，有沒有盡力做好工作、是否信守諾言、處理危機時的手法等。

- 親密度代表雙方之間的親情、友情、親密關係、來往緊密度等。

- 自我傾向可以理解為自我中心的強度，他的一言一行是以自己的角度出發，還是從他人的角度去考慮。

Reliability in this largely rational sense is the repeated experience of links between promises and action.

可信度，是承諾與行動之間的主要的理性基礎，並可以反覆驗證的。

——*The Trusted Advisor*

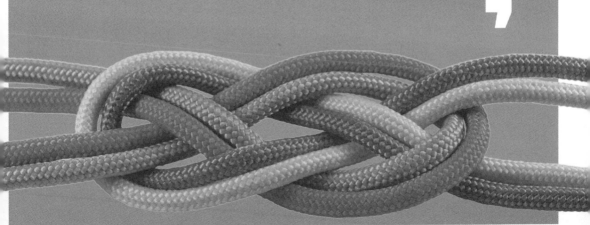

信任度關鍵：自我中心的強度

這個公式之中，你認為影響信任度的數值，最重要的因素是哪個？當然是「自我傾向」（分母），就算上面的3項（分子）都得到極高分數，但如果自我傾向太高，最後得出來的數字也會被大幅的拉低。這樣說可能有點難以理解，我試用兩名醫生的假想例子説明一下。

患有先天心臟病的孩子比利，性命危在旦夕，須在一年內做手術。手術的難度不低，但業內有能力的醫生仍不少。比利的母親見過多名醫生後，決定從以下兩名醫生選擇一人為孩子開刀，以下是兩名醫生的資料，以及他們和母親的對話：

醫生 A 是一名心臟科權威，他有長春藤大學的學歷，加上30年的臨床經驗，獲獎無數，也是某項專利手術的發明者，他只看了比利一次，然後和他的母親說了這段話：「你女兒的個案很特別，她心臟的狀況我從未見過……啊，對不起，他是個男孩，我搞錯了。呃……我覺得這手術會很有趣，也可以成為我醫學研究的重要案例，說不定，我可以據此再研發另一項專利技術……女士，我等不及要做這個手術了！」

醫生 B 是一名知名的心臟專科醫生，在業內風評頗佳，但不論在資歷和學歷都稍遜於醫生 A，不過他的優勢是更年輕，而且最近幾乎每天跟比利見面，更了解比利的身體狀況，醫生 B 跟比利的母親說：「比利的情況很特殊，手術有一定難度，但是我和團隊很有信心成功。我們已經和比利做了多方面的檢測，相信他是挺得住手術的，但以防萬一，我們會再三檢查他的狀況。女士，我很希望比利能康復，我們一定會讓他活下去，請交給我吧！」

我們可以把兩名醫生放在信任度方程式中檢視，以下數字只代表概念，方便思考：

比利的母親對醫生 A 的想法：

　　聲望＝10/10（業內權威）

　　可靠度＝6/10（他竟忘了比利是個男孩？我不確定）

　　親密度＝4/10（他幾乎不怎麼見我們，也只見了比利一次）

　　自我傾向＝9/10（他似乎更關心自己的專利，多於比利的病情）

　　信任度＝2

比利的母親對醫生 B 的想法：

　　聲望＝5/10（雖口碑不錯，但不算業內權威）

　　可靠度＝6/10（他雖沒醫生 A 厲害，但每天跟進狀況，讓人放心）

　　親密度＝7/10（他跟比利每天都見面，比利似乎喜歡他）

　　自我傾向＝3/10（我覺得他非常專注於比利的病情）

　　信任度＝6

雖然 A 的醫術比 B 高得多，但他不一定得到病人及其家屬的信任，從這個例子看上去，比利的母親對於醫生 B 的信任度，遠高於醫生 A。主要原因是：醫生 A 似乎只專注自己的想法，他忘了比利的性別（很誇張），也只盤算手術後怎樣能為自己的事業再創高峰，並沒有把比利的命很當作一回事。我不是說大家一定會放棄選擇更權威的醫生 A（畢竟醫生的醫術很重要），不過說醫生 B 的行為更讓人安心和信賴，應該是不爭的事實。

聆聽的重要性

「陳總」情況也是一樣，他的能力無可挑剔，其社會閱歷和工作經驗也遠比他的下屬豐富。如果大家都依照他的指令工作，在絕大多數情況下也許是最好的決定。不過，他無法和團隊成員打成一片的原因是：陳總是一個差勁的聆聽者，而「不聽人家的意見」，是高度自我傾向的明顯表現。問題是，盡管他明白這狀況，卻認為這是他過往得以成功的關鍵，所以不認為需要改變。在陳總的眼中，下屬都太嫩了，放手讓他們拿主意不是明智之舉；倒不如自己決定就好了，反正業績會證明一切。

不過，以為自己的成就歸因於「不聽意見、堅持己見」，恐怕是陳總未能再上一層樓的最關鍵原因。

2.3

別因為「我」，壞了大事！

What Got You Here Won't Get You There: How Successful People Become Even More Successful

作者：Marshall Goldsmith, Mark Reiter, 2007

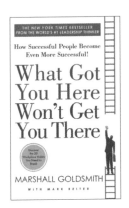

What got you here won't get you there

人類生存之道，大自然早給了我們答案。

秋冬來臨時，雁群為避寒飛向南方，沿途會用「人字」隊形飛行，原因是在力學上，一隻鳥拍打翅膀「破風」，可令跟在後面的鳥飛得輕鬆一些。因此，群飛的續航力比起單獨飛行可延長71%。領頭的一隻因為體能消耗最大，所以會和其他鳥輪流帶頭，整個鳥群的大遷徙才最有效率，這是動物經過千萬年演化而成的「演化穩定策略」（ESS, Evolutionarily stable strategy）。

人類也是一樣，很多重要的事情需要團隊協作來完成。但是，多數孩子被灌輸的思維是「怎樣贏過別人」，而不是「怎樣和別人好好合作」。我幾乎沒有聽過有父母會跟孩子説：「孩子，記得不要只顧著贏過別人，讓別人也贏一下，重要的是大家合作得好。」相反，父母都以自己的孩子用實力輾壓同輩而沾沾自喜。大家在求學時期，總會遇到一些同學甚麼都愛比較，譬如説跑得比人快、籃球打得比人好、班中排名比人高，然後一副「看吧，我各方面都比你優秀」的樣子。坦白説，競爭也是社會進步之源，但在雁群的例子中，如果你總是要帶頭飛，不願意輪流把隊長的位置讓出來，累死的只是自己。

有好幫手 蠢蛋也能當贏家

我的個性很害怕跟人家衝突，自小是個不愛爭勝的人：我不愛任何競技活動，連打遊戲也只喜歡合作通關的那種，不想與玩家對戰。記得有一陣子我打某個足球遊戲打得特別好，以技術來説同學們都贏不過我，但我怕他們不開心，幾乎每場都讓別人贏（或打平）。有一次，我和一個友人在街上跟陌生人因為肢體碰撞，起了衝突，對方非常兇惡，一直大吵大鬧，我的朋友也不甘示弱，準備用髒話罵回去。我連忙拉走朋友，邊走邊跟那陌生人道歉。事後朋友問我為何不據理力爭，我跟她解釋説這世上有很多「垃圾人」，他們一肚子都是準備要丟出來的垃圾，可能因為他剛過了非常糟糕的一天，要是正好這些人要爆發時我們撞上了，吃虧的只是自己。而且起衝突時，我的首要目標是保護所有人的安全，從不必要的戰場中撤退是最明智的選擇。

在事業發展上，我也盡量避免不必要的衝突。在建立Liveturf公司的首8年，我和拍檔過著完全沒有娛樂、社交的生活，每天在工地曝曬的日子。雖然賺到錢，可是股東之間的關係卻出現變化。我為了節省成本，凡事都想自己來做，慢慢行下來，已不能為公司帶來額外的邊際收入。由於我是公司始創人，夥伴都給我面子，讓我繼續以自己的方式帶領公司，但我甚麼都攬到自己身上來，捨不得聘用人才，最後把所有人拉進了困境。

在這段時間裡，大家用盡一切努力，都沒辦法在業績上更進一步。股東點出了我的管理問題，可是我一開始很抗拒，也很頑固，和上節提及的「陳總」一樣，我堅持過去的成功方法，覺得只要把同樣的路堅持走下去，就會迎來下一個高峰。可是我都忘了愛因斯坦的一句名言：*"Insanity is doing the same thing over and over again and expecting different results."*，瘋子才會認為一直做同樣的事情，會獲得不同的結果。

2017年，我的其中一個拍檔艾力決定退出，剩下我和另一個股東安迪繼續營運，這個轉變對我的衝擊很大。我以為，公司發展之所以成功，是因為我們都拚盡自己的時間親力親為，才能比競爭對手提供更廉價和優質的服務，但這也是我們需要突破的瓶頸。艾力想要有家庭生活，更要照顧才兩歲的孩子，卻一直被迫和我們全力投入工作。當年，艾力每天和我們瘋狂工作到深夜，然後乘尾班車回家，他也不好意思在我們廢寢忘餐時說要先離開。我們都沒有注意到他的渴求，直到情況持續了一整年，他受不了這樣無日無之的生活，才決定離開這間公司。安迪不是沒有提過我的管理問題，而且他的視野比我遠大，早就知道只靠自己一雙手是做不大的，他比我更懂怎樣把「由零到一」搞上100去。

還好當時我也不好勝，沒堅持「自己才是對的」，我反思了一下，知道自己的個性或許不適合帶領公司繼續前進，決定辭任執行董事的職位，把權力完全下放，讓安迪主持大局。事後證明，和當初建立公司一樣，我這決定是做對了。在我離任至今約5年多，公司的業績做大了6倍，而我逍遙自在，是一個沉默股東，每年回公司拿點錢來花，也造就我之後的企業培訓和文化傳媒的工作。

成功 就是把自己放下的過程

回想起來，要是我堅持不認錯，繼續把公司控制權牢牢握在自己手中，恐怕另一名夥伴也會離我而去，然後我大概會因為不懂營運而把辛苦建立的根基毀了。一念之差，關鍵在於我能否做到徹底地承認自己的不足，承認別人比自己厲害、放棄權力、沒有嘗試鬥爭以挽回自己的自尊心。

我們必須認知，某些人或事過往的成功和將來的成功，達成的條件是完全不一樣的。正如一個孩子可以靠自己的能力在學校贏過所有同學，但要在人生中持續勝出，他需要贏少一點，和別人好好協作。如果你身邊有個比你厲害的同輩，不要妒忌他，應讓他成為你的夥伴，把大家的利益緊緊綁在一起。拍檔、同事和我就是這個關係。有好的幫手，蠢蛋也能當贏家。

美國前參議員 John Andrew Holmes（1773–1843）說過："*It is well to remember that the entire universe, with one trifling exception, is composed of others*（應謹記，在宇宙裡，除了微不足道的一個（即是我自己），所有東西都是由「他者」所構成）"

但是，人的本能就是比任何物種都要「自我」，而且無止境地放大自己的重要性，這是我們難以持續成功的最大障礙。

優秀的人 該停止的愚蠢行為

自2016年，我開始研究管理人員的培訓課程，看了不少跟管理有關的書籍，當中有一本令我印象深刻，書名為 *What Got You Here Won't Get You There*（《UP學》），作者 Marshall Goldsmith 被稱為當代No.1的企業教練，職涯之中曾協助超過70位超大型國際企業的CEO及老闆獲得更大的成功。很多書都在教我們「What to Do」但Marshall卻強調，一個成功的人應該首先關注「What to Stop」，停止以下的行為，人際關係和協作將會變得容易得多：

1. 甚麼都想贏

人都愛證明自己比別人厲害，就算這樣做一點好處都沒有，也樂此不疲。作者看過一個爸爸帶著9歲的孩子打籃球，明明只是玩玩，享受親子的快樂時光。但這爸爸玩了一下就「認真」起來，很想要贏，他緊盯著孩子的運球、用盡全力把孩子打趴，結果他贏了孩子11比2，他覺得自己很厲害，可是孩子當晚很不開心，那場籃球賽也傷了父子感情。

有時候，連爭論誰更「不幸」，都有人想贏過對方。在聆聽別人談及自己工作的不順心時，有些人總愛加一句：「你這樣就叫慘？我比你更慘呢！」呢，連「更慘」這件事都想贏過對方，只會讓別人覺得跟你訴苦很沒趣，這樣的「贏」到底又為了甚麼？

2. 幫人家增值

不是說幫別人付錢充值，而是在聆聽別人的話時，總愛Play Smart，建議人家怎樣可以做好一點，但其實閉嘴、讓人家好好說話就好了。有些上司總愛在下屬的提案中加點「小建議」，其實只改善了一丁點（甚至沒有改善），卻把下屬的工作動力打擊了一半（因為經上司的「好意」改善後，提案已不是他自己的了）。

3. 「懲罰」為你提供建議的人

當面對別人批評（就事論事、非惡意批評），你即時的反應是甚麼？反擊對方，說他才是錯的？為自己辯護？還是即使不同意，只說一聲「謝謝」就好？該想一下，敢於向你提供反對意見的人，只要不是惡意的針對，那就肯定他認為自己有比你高明的地方，你要去學習這些智慧，還是「懲罰」別人對你的好意，決定權在你自己手上。

4. 總說負面和傷人的話

當你的朋友跟你說：「我今天算是表現得很好了」，你回應：「真的，你沒有很好，頂多只是沒平時的爛」；朋友說：「我覺得我這套衣服很好看，它很貴耶！」你直說：「天啊，你不說我真不知道它值這個錢。」你以為自己只是誠實，但肯定的是，朋友下次也不會再跟你分享任何事了。

5. 想要告訴全世界我有多厲害

別人跟你提出建議時，如果這建議你早就知道，你會不會急著打斷他說：「嗯，這我一早就知道了？」要是你有這個衝動，那代表你很擔心本來就知道的東西，從別人口中「再得知」的話，會顯得

自己沒那麼聰明。但這句「我一早就知道」無異於跟別人説：「老子一早就知道了。你真的不知道我有多厲害！」能想像對方覺得你有多討厭嗎？

別因為「我」而忘了初衷

著名電影《桂河大橋》（*The Bridge on the River Kwai*, 1957）中有個發人深省的故事：一個愛國的美國軍官因戰敗，成為了日軍的俘虜，他被命令帶領一眾俘虜，為敵人建造一條大橋，以協助敵軍輸送戰略物資。這名軍官是個完美主義者，也是出色的領導人，他工作一絲不苟，為敵軍建設了一條漂亮的大橋。後來盟軍攻打日軍時，需要把這條大橋炸斷，他竟然覺得不捨，甚至想過阻止己方的軍人。但他參戰不就是為了打敗敵人嗎？這名軍官，幾乎因為「我」而置同伴於險境，這叫 Goal Obsession（我翻譯作：忘記初衷），是很多人都會犯下的錯誤。

在退任公司執行董事之前，我也經歷一番內心掙扎，因為不想承認自己帶領和管理方式出問題，我曾經想過用強硬的方式堅持過往的做法，因為我想證明自己比任何人都對。但這種「自我」的想法，並不是我創立公司的初衷，它是在中途突然冒出來、干擾我達至我本來的目標。當我仔細想想，創立公司的目的不就是為了賺錢改善生活，那何必因為一時的自尊心，做出反過來破壞公司的舉動？我想起馬斯克（Elon Musk）在早期的創業生涯時，也曾任 PayPal 執行長，期間受到其他股東密謀剝奪位。很多人以為，以馬斯克的「認叻」個性，他不會善罷甘休，一定跟股東們死磕到底。然而，這名科技狂人比我們想像的堅韌得多：他志不在此，始終緊盯

住「把人類送上火星」的願景，最後拿了2.2億美元退位讓賢，才成就了後來的科技界首富。

　　這個世界，除了你自己以外，沒有一個人會把你看得那麼重。要是你能把自己放下，別因為「我」而壞了大事，做到這樣，你才真的算是個人物了。

But the higher up you go in the organization, the more you need to make other people winners and not make it about winning yourself.

你在組織中地位愈高，就愈應該讓別人成為贏家，而不是為了自己得勝。

——《UP 學》

2.4

「利己」和「利他」
的平衡

Give and Take

作者：Adam Grant, 2013

Give and Take: A Revolutionary Approach to Success

前文幾個章節，花了不少篇幅說明放下「自我傾向」的重要性，可是大家千萬別覺得，凡事以別人為先的「利他精神」就是成功之道。

別急著去當個爛好人

我知道，不管是慈祥的阿嬤，還是教會的牧師、神父，都在跟我們說，要「愛人如己」、「施比受更有福」，但請容我膚淺的勸

告大家，這並不合乎人性。凡事以他人為先，可能只是宗教式的理想，它絕對不會讓你變得成功，更有可以把你變成「踏腳墊」。所以，一定要掌握好「利己」和「利他」的平衡、還有了解「給予」的藝術，這些都是本章節的重要訊息。

因為生意的需要，我從2012年開始積極擴展自己的人際網路，參加了各種青年商會、商業協會、社會公職以及義務團體等等，也真是見盡人生百態：我曾參加一個名為BNI的業務引薦組織長達5年之久，認識了各行各業的老闆：有上了軌道的大企業老闆、有上市公司派過來的業務經理，也有一些像我一樣的新手創業者。大家目的都很直接：就是從人脈之中獲得商機，如果有幸能交到好朋友，就算是額外的收穫吧。

社交網路中的3種人

不同的組織成員，個性很不一樣，但大概可以歸類為以下的3種人：

1.) *Giver* —— 群體中的「利他主義者」，佔團體的20%，熱心於服務組織與會友、願意分享自己的人際網路，協助別人做更多生意、也花很多時間和努力去維持組織的運作和士氣，不太計較個人的得失。

2.) *Taker* —— 典型的「自利主義者」，佔約20%，做任何事都以自己的利益為依歸，在不同的場合，都希望不用付出就在別人身上拿到好處。要是在短時間裡，他發現這裡的人脈沒讓他直接得益，就會即時離開組織。

3.) *Matcher* ——，約60%，我會稱他們為「利益協調者」，即是做事以利益平衡為原則的人。這類人多不會主動參與協助別人的工作，但也不會每天只想著怎樣從別人身上拿到好處。如果有人協助了他，他會想辦法回報對方以達到平衡。

以上這個分類，是參考一位我非常喜歡的年輕學者，名列全世界二十五位最具影響力的管理學思想家的心理學教授Adam Grant，其名著*Give and Take*（《給予》）中的理論。我發現，在現實生活中，這套理論能夠非常精準地解釋人際關係的現象：首先，書中描述大部分的人都是Matcher，這符合我的觀察。我也撫心自問，自己加入這些商會或組織，一開始也是以利益協調者的心態：看看能拿到甚麼，再決定要不要投入心力和資源進去。5年過去了，我檢視一下多個組織成員的各自所得，發現和Give and Take所述，幾乎一致。

出乎意料的結果？

上述分類的3種人，有一種人最終總會失意離開：他們幾乎完全獲不了任何好處，沒有人給他生意機會和分享人際網絡。你猜猜這些失敗者都是甚麼人？大家可能會猜是Taker「自利主義者」吧，因為這些自私鬼該不會受到其他人的喜歡。但是，這樣想就錯了！

這並不是賞善罰惡的世界，自利者多半都還過得挺不錯，而且還能在組織中拿到不少好處。因為Taker都不會笨到把自己的意圖寫在臉上，他們懂得裝出一副很關心會友福利的姿態，Grant稱之為 Agreeable Taker（看上去很友善的混蛋）；相反，過得最不好的人，竟然都是Giver。這些人如果

遇到組織中的 Taker，也只會持續為他們付出，妄想可以用「善的力量」去改變 Taker，Grant 稱之為 Agreeable Giver（爛好人）。社會是殘酷的，爛好人並沒有甚麼好下場，最終都淪為「踏腳墊」（Doormat），成為別人利用的對象。

這樣說，難道我們的策略應該是：學習成為一個 Agreeable Taker，找出那些只會付出的爛好人笨蛋，裝友善靠近他，盡量剝削他們取得最大的好處？的確很多人靠這樣獲得好處，不過以我的觀察，以及 *Give & Take* 的理論框架所描述，這些披著羊皮的狼，最終都沒獲得最大的成功，頂多是佔點小便宜。為甚麼呢？請看以下的一個社會實驗：

我們都是道德警察

曾經有實驗人員在街頭隨機找來兩個人玩遊戲，把100元給予其中一個玩家，A。A可以決定怎樣分配這100元：他可以和玩家B平分，也可以選擇自己全拿，各種組合都可以。玩家B卻可以決定是否接受玩家A的提案：如果接受，則按A的方式分配；不接受的話，兩名玩家1塊錢都拿不到。遊戲即將結束，請想像你是B：A決定把90元分給自己，只給你10元，你會不會接受這樣的提案？

當然，每個人都有不同的選擇：有人覺得，有總比沒有的好，所以盡管只有10元也會接受；也有人認為對方也是白白撿回來的便宜，憑甚麼他可以拿大份？所以情願一拍兩散也要「懲罰」那些不公平的人。部分極端的B會認為，除非A採用五五平分，否則一概不接受。

然而，大家可以想像，隨著遊戲金額愈來愈高，懲罰不公的成本就會提高，譬如玩家A現在分配的不是100元，而是100,000元的話（或者更多），就算按A、B按9:1分配，玩家B還是能拿到不少錢。這時，願意放棄原則，直接拿錢走的玩家應該變得更多。

這個實驗的結論是：**以人性來說，良知不是無價的**。除了極為頑強的衛道之士，多數人都願意在一定的利益下放棄自己的原則。而涉及利益實在太大的時候，我們會回歸純粹的功利主義！但在一定的成本之內（每個人都不同），人們還是會以自己的價值標準，擔當一下道德警察（Karma Police）。

在商業組織的例子中，要懲罰不公Taker的方法，最低成本就是在組織之中散播對他不利的流言，以損害他的名譽。這是為甚麼Taker縱然能一開始騙得不少的好處，到最後還不能爬上成功階梯的頂層。

Giver 有贏家有傻瓜

現在情況逐漸明白了：在成功的階梯上，爛好人Giver總是墊底、那些Taker就算裝得多友善，長遠來說還是會被拆穿，因為每個人內心的道德警察會想辦法把他們拉下來。所以，最成功的群組，竟是做事以利益平衡為原則的Matcher「利益協調者」？那倒不是。

在Grant的研究，加上我在商會幾年的觀察，多數的Matcher其實和Taker都處於中間位置浮浮沉沉，沒甚麼失敗，但也沒見得成功。而最後在商會網路上獲得最多支持和生意機會的大贏家，其實也是Giver，只不過是

「更聰明」的Giver一族，只約佔20%的Giver群組，他們部份處於最低層；也有部份處於最高層，他們分別是Giver群組中的Champ & Chump（贏家與傻瓜）。其實這也很好理解，作為道德警察，如果每個人都想懲罰那些不公的Taker混蛋，當然也想獎勵那些持續付出的好人。如果看到那些能幹又善良的領袖，每個人都想幫他一把，也樂見他們的成功。

那麼到底是甚麼因素區分成功和墊底的Giver？

這裡需要一點點篇幅說明。記得我上面提過，在人際網路組織中，大概20%是Taker，和約60%是左右逢源的Matcher。那就代表「多數人都不是好人」（笑），要是你是個爛好人Giver，自然成為80%人拿好處的目標。當你不停的燃燒自己照亮他人的話，最終肯定被燒光，成為墊底的。別以為只要你立意善良就會有好的回報，世界可不是這樣運作的。下圖顯示成功和失敗的人際關係經營者的分別。

圖2.1：成功和失敗的人際關係經營者

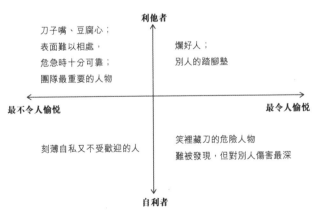

掌握「給予」的藝術

要成為真正成功的 Giver，需要做到幾件重要的事：首先他必須把壞蛋（Taker）從人群中揪出來，完完全全隔離他。如果一個 Taker 不單壞心腸，連他內心黑暗的一面都寫在臉上，這種 Disagreeable Taker 自然受到大家的提防；但是另一種把善良和好意掛在臉上，看上去人畜無害的 Taker，就非常危險。這種人之所以能爬上成功階梯的中上游，就是因為他成功騙過大多數人，踩著別人上位。這樣的人要是在短時間騙過你為他付出，已經夠大傷害了。

幸好，他們都會從行為中表現以下的漏洞：「見高拜、見低踩」、對待有利用價值的人非常慷慨大方，對待地位比自己低的人、或無關利益的（例如清潔阿姐、餐廳的侍應），突然非常苛刻、市儈，他們也會在重大的利益前言行不一，以及有自我吹噓的傾向（以「證明」自己該拿大份的利益）等等。如果你認識這樣的人，可以判斷他很極可能是 Taker，最好敬而遠之。

第二，作為一個給予者 Giver，因為我們也未必可以快速判斷對方是不是會知恩圖報，還是只是來拿好處。所以盡管我們想協助他，也千萬別過度投資心力，把好事一次做盡，只會快速把自己燃燒殆盡，卻未必得到對方的回饋和報答。

第三，別以為給予是一種無條件的善舉，這樣做不但讓自己吃虧，也向別人傳達一個不好的訊息，也鼓勵了貪婪和 Taker 的惡意。聰明的給予者，必須同時看好自己的利益，因為只有互利才可能把給予的精神延續下去。

圖2.2：Otherish「自利利他者」才是成功的Giver

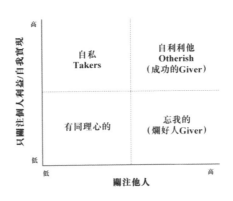

最後，成功的Giver和那些爛好人Giver的最大分別：就是他們看上去並沒有那麼像Giver。他們會對不合理的請求「說不」、對不公義的事情大聲疾呼。有時他們會很嚴格，說話不好聽，但你知道他動機良善。就如公司那些毒舌同事，常常直接批評別人，卻在重要關頭挺身而出。所以，成功的給予者很多都是Disagreeable Giver（看上去像個混蛋的好人），雖然有時候有點難相處，但他們卻是組織中最可靠的人。

在我的圈子裡，就曾經出現幾位對我意義重大的前輩，他們多番批評我的言行，讓我改掉性格的毛病（例如多言必失）。雖然聽到嚴厲批評的當下，我有點想往他臉一拳打去，或至少想反駁一下。大家得明白，指出我的錯誤對他沒有任何的好處，甚至可能冒「多了個仇人」的風險，所以請珍惜你身邊「忠言逆耳」的人。

人際網路如存款戶口

每個人要在社會上獲得成功，都需要多元收入：有人投資股票賺取升幅、有人投資房產收取租金、有人經營生意請員工幫他賺錢。可是，很多人看不到人際關係所帶來的巨大賺錢潛力，可能比上述幾種收入更大。

其實，人際關係就像一個長期的高息存款戶口一樣：當你給予（Give）的時候，就等於存錢進戶口，它會為你產生利息；而當你拿走（Take）的時候，就等於把存款提出，自然會影響利息收入。如果你一有存款就一味索取，更可能會透支造成負債。

做一個 Taker 或許可獲得短期好處，但因為道德警察發生作用，後來會遇到愈來愈多阻力；相反，成為聰明的 Giver，只要做得高明並持之以恆，別被 Taker 消耗掉，反而要先下手為強地揪出 Taker，將之處理，那你的良善終會讓大家看見，當所有人都樂於把你推上去，成功便是必然的結果。

以上這些觀察及識見，大多出自 *Give & Take* 作者 Adam Grant，書中對組織中人際關係動態的研究結果，非常合乎人性及科學。我也在商界親身投入多年的人際關係中，證實了它的正確性。

所以，宗教所言的「愛人如己」，以及神對世人「無條件的愛」，大概只有神才能給予；我們只是凡人，在人的組織中，還是帶點「機心」和技巧，用人性的角度，好好經營人際關係吧。

Being a giver is not good for a 100-yard dash, but it's valuable in a marathon.

做一個Giver並不適合100碼短跑,但在馬拉松比賽中卻很值得。

—— *Give and Take*

第三章

明白大腦運作，
才不會變蠢。

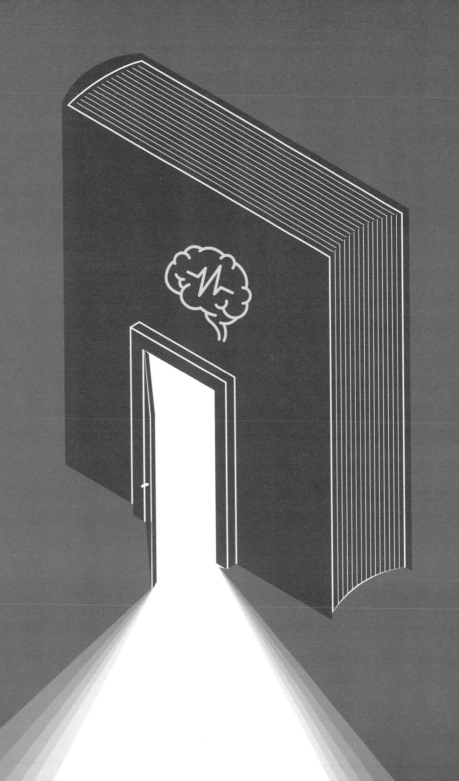

3.1

立場先行
的謬誤

作者：David Grimes, 2020

The Irrational Ape

《反智》

現今的社會，我們亟需要建立針對反智現象的不同思考方式。

即使全球科學家已普遍共識當今「氣候變遷」問題的嚴重性，並且敦促全球各界合力，盡快逆轉「全球暖化」的速度，但在2016年，美國國會竟然有三分之一的議員表態否定有氣候變遷，甚至主張這是科學家搞出來的陰謀。而更誇張的是美國前總統特朗普，他堅稱氣候變遷是中國的陰謀，為的是束縛美國工業的發展。

這是立場先行的反智現象，特朗普當時的任務是打擊中國，即使全球所有科學家給他展示有關氣候變遷的科學證據，對他而

言也是沒有意義的。一個人，如果已有既定立場和目的，即使面對與之相反的證據或真相，也會視而不見，因為這不是他當時想要的。

「意識形態高於一切」的猩猩

正如近年的政治衝突中，對抗的雙方目的根本不是要「尋找真相」，而只想打擊對手罷了。2019 年發生在香港的政治運動，令我第一次感覺到政治衝突的影響可以如此之大。一些老同學、朋友盡管交情有多深，也因為政治立場不同互刪好友，自此不相往來。然而，家人卻不是可以這樣簡單「洗牌」，立場迥異的一家人，動輒因為對某件事的看法不同而反目成仇，甚至大打出手。我們變成了 David Grimes 博士在《反智》書中形容的那些「不願說理、不會說理、不敢說理」的猩猩一樣，只會大聲嚷嚷，然後訴諸暴力。

反智的猩猩們，不會理會與其立場相反的資訊，他們把自己封閉起來不願作理性的討論。由於猩猩絕對不會承認自己是立場先行，他們常會表達一些似是而非、聽起來很有道理的陳述，但只要仔細推敲即可發現其邏輯謬誤。

主觀看法 vs 邏輯正確的真理

書中提及一個比較簡單的例子，讓大家先以此練習一下邏輯思考：

——狡猾的教皇德範六世，對死去的前任教皇福慕
作出這樣的指控：

前提一：會為自己辯白，才是無辜之人

前提二：福慕沒有為自己辯白

結論：因此，福慕有罪

　　前提一及結論的「不合理性」比較容易看得出來：我們都知道無辜的人不一定會為自己辯白，可能因為他認為審訊不公平拒絕辯白，也有可能他為了保護另一個人而沉默；反而真正有罪的人倒很愛為自己辯白，所以辯不辯白，根本和有沒有罪沒關。這個很好懂，但以下例子就比較複雜，也是廣泛存在於社會中的邏輯謬誤：

例子 A
前提一：愛國是與生俱來的義務，不愛國的人枉為人
前提二：你不愛國
結論：你不是人

例子 B
前提一：身為 X 國人，應該打國家生產的疫苗，才是愛國的表現
前提二：你不打國家生產的疫苗
結論：你不愛國

例子 C
前提一：XX 是一個殘暴又邪惡的政權
前提二：殘暴邪惡的政權應被推翻
結論：XX 政權應被推翻

例子 D

前提一：民主自由是普世價值

前提二：X 國沒有民主自由

結論：X 國違反了普世價值，是人類文明的敵人

這樣的論述是不是似曾相識？我也在節目的留言中，聽到不少這樣的意見，大多都是類似的陳述。這些人自以為表達了一個邏輯正確的真理，卻未看到自己不過是在表達一個有偏見和謬誤的「主觀看法」罷了。

解構邏輯謬誤

例子 A 中，要挑戰的重點是：甚麼是義務？納稅是公民義務，守法是公民義務，但為甚麼愛國這樣的一種主觀感受也必須是義務？國的概念是甚麼？愛誰的國？如果是說中國，那麼我愛的是中華文化？中國人同胞？中國的領土？還是統治中國的政權？我可以愛中華文明的源遠流長，卻不愛當今的中國人嗎？當然可以，每個人都有選擇愛不愛甚麼的自由，對吧？

所以當任何人說：「愛國是與生俱來的義務，不愛國的人枉為人」時，他只表達自己的看法，也認為其他人都該這樣，但陳述本身的意義是模糊不清的，所以「愛國是義務」這看似合理的陳述，本身沒有道德的必然性，當中有值得討論的空間。

例子 B 中，要挑戰的重點是：對於個人健康的關注所作的行為，是否必須連繫到國族意識形態？為甚麼愛國就必須用國貨？我們有沒有其他方

法表達愛國情操？在外國長大的中國人，日常生活都使用外國產品，但心繫祖國有沒有矛盾？我可以在自由市場經濟下，更信任外國的醫療技術而選擇外國疫苗嗎？使用外國貨會否減低了我的愛國心，為甚麼？自由市場下的消費行為，是否必須與愛不愛國扯上關係？

例子C也十分常見，它除了是一個主觀的斷言之外，當中並沒有任何內容：首先，怎樣定義一個邪惡和殘暴的政權？一個非常善良的統治者，卻因為不懂治國，把百姓置於水深火熱之中，他是否一個邪惡又殘暴的人？不見得，因為他最多是無能，談不上邪惡；一個專斷獨行的政黨，漠視少數人的利益卻讓國家整體發展迅速，以及建立了強大的國際地位，這樣的領導算不算邪惡和殘暴？看對誰而言吧，被漠視的小眾認為它很邪惡；但得益的大多數人民可不這樣認為。建國之初殺人如麻，建國後愛惜百姓，這樣的政權在歷史中也頗常見，它可被稱為邪惡又殘暴的政權嗎？你會發現這問題非常複雜，難以簡單定論。所以「XX是一個殘暴又邪惡的政權」這樣的陳述，除非有其絕對的普遍性（即幾乎所有人都認同），否則只有主觀性，屬於「個人意見」而已。

充斥含糊不清的名詞

例子D在前提一就已有兩個極為關鍵、卻鮮有被清楚定義的概念：首先，甚麼是「民主自由」？自由指一個人的行為不應受別人干預，只要這個行為沒有影響他人；民主則是該行為在執行時，如果會影響他人，被影響者應能參與「可否做這行為？」的決策之中。

自由不是無限的，它延伸到可影響他人之時，就需要用民主的原則去

制衡，當中的重點是怎樣平衡「私領域」和「公領域」的關係。如果「民主自由」擁護者認同這一定義，則必然不會隨便損害他人的利益。至於「普世價值」本身也是含糊不清的：要達致「普世」，需要世上多少百分比的人同意才可？如果只有一半人認同而另一半人不認同，還稱得上「普世」嗎？如果「普世」只需要小部分發達國家的人認同，則為甚麼經濟佔比較重者可以對價值判斷有更大的話語權？或許，是有人騎劫了「普世」二字來宣傳「我的」價值？當自由民主和普世價值兩個概念都沒被釐清，把兩者結合在一起時，又會發現這陳述雖常被引用，卻常帶偏見和謬誤。

以上我只不過應用了書中提及的的邏輯謬誤，再結合自己觀察到的香港狀況嘗試舉例，列出來與大家討論，而這只不過是反智猩猩所犯邏輯毛病中的冰山一角。可惜的是，猩猩群不願思考和講道理，牠們以大聲叫囂和暴力蓋過對方的聲音，以致有識之士有口難言。

反智的四大興奮劑

更不幸的是，社會廣泛存在以下 4 個狀況，恍如令猩猩們加倍反智的興奮劑，而且藥力超強，進一步促使更大的群體失智。

首先，反智猩猩根據其既有立場，創造出各種各樣的陰謀論，陰謀論的強大之處在於，我們雖不能證明其為對，但也難以找到證據證明其為錯，因為陰謀論多數都是自圓其說。例如當有人說「911 事件是美國政府自己的陰謀」時，就難以被證偽，至今仍有 15% 的美國人對此深信不疑，才搞出一個「911 追真相運動」。對於反智猩猩來說，陰謀論十分好用，牠們不需提供證據，只要內容夠爆炸性和搶眼球，自然可一石激起千層浪。

The scientific method is not perfect, but it is the best tool we have for separating fact from fiction and for understanding the natural world.

科學方法並非完美，但它是我們區分事實與虛構、理解自然界的最佳工具。

——《反智》

第二，反智猩猩善用似是而非又迷惑人心的統計數據，以達到其政治目的。例如：「數以千計的難民在機場逃離X國」，這樣的陳述給人一個印象，以為大家都想離開X國，但仔細看其正常離境的統計數字，可能發現其離境人數本來就有數千人，當然這比較容易看穿，但以下數據則比較容易糊弄我們：「復必泰疫苗的接種後死亡率是0.1%；科興疫苗則為0.2%，所以科興疫苗十分不可靠，它的接種後死亡率比復必泰的高出一倍」（以上均為虛構數字）。但如果，80%的60歲以上長者都接種科興，80%的的年輕人60歲以下都接種復必泰，那以上的接種後死亡率的數據便沒有意義，因為老人本來的死亡率就遠比年輕人為高。

媒體的推波助瀾

第三，部分媒體並不以報道客觀事實為己任，只會向「吸引收視」的方向思考。就以樓市為例：當市場下跌出現恐慌，報道恐慌的資訊就能吸引更多人收看；如處於上升週期，樂觀情緒出現時，媒體則會推波助瀾，因為大家更希望聽到確認自己信念的消息，而不是反過來。如果有一個被虛構出來的陰謀論正被炒得火熱，今日的媒體就算明知其為假，都不會本著「求真」精神揭露它，更可能會加入炒作行列以爭取收視，因為它們的同行也在這樣做。

最後就是粗糙的演算法與網路過濾。**在反智盛行的年代，電腦的演算法並不是提供資訊「廣播」（Broadcasting）；而是針對不同人的不同需要的窄播（Narrowcasting）。演算法會根據猩猩們的喜好，進一步餵食其所愛的內容，使其偏見更形牢不可破。**一些媒體會輕率的把疑似違反政治正確的資訊限制或封鎖，用非常不高明的手段禁絕人民的聲音。

猩猩們在意識形態先行以及四支興奮劑的帶動下，基本已失去自省能力，而在群體下則使反智問題進一步惡化。當猩猩群聚在一起，會處於情感主導的低理性狀態，此時牠們情緒高漲，等待不斷重複的語言暗示行動。只要有上位者如希特勒一般慷慨激昂，就可以控制群體。由於群體力量強大，較聰明的個體也會暫時放棄個人意識，參與群體的不合理活動。這時，不接受討論、非黑即白，非我即敵的二元對立局面就此形成，這正是香港在 2019 年後延續至今的社會狀況。

3.2

以系統思考，
化解意識形態陷阱。

Systems One: An Introduction to Systems Thinking

作者：Draper L. Kauffman, 1980

《系統思考》

在我們的社會，有一種東西長期欠缺，一直沒造成太大的影響，直到像 2019 年的衝突出現之時，我們才驚覺「它」如此重要。問題是，當我們發現的時候已經太遲，因為它的缺席帶來的社會破壞已經產生。要是能早一點從教育中著手，自孩子小時候就開始認識它、也把它放在重要的位置，香港或許可避開這樣的衝突。

這種東西有個不怎麼起眼的名字，但對每個人避免成為反智的猩猩意義重大，它叫做「系統思考」。

整體觀的重要性

　　Draper L. Kauffman博士所著的《系統思考》，可以讓大家大幅提升這方面的思考能力。Kauffman博士是一名致力於教育的系統哲學家，「系統思考」的重點在於，世間萬物都有其系統，只要兩個元件組合而成而產生特定功能者，就不能單獨運作：例如踏單車便是一個系統，它需要有人和單車兩個元件同時運作才可以進行，單獨運作都無法構成系統。其他更複雜的系統包括身體器官、經濟結構、人際關係等。只要能有意識地察覺任何事物變化時所產生的正向（Positive Feedback）和負向反饋（Negative Feedback），我們將看到更加整體的「大局觀」。

　　說起系統思考這概念，我喜歡把它比喻為中藥店的百子櫃：不同的藥材存放於不同的櫃子中，醫師把合適的藥材混合成不同藥方來治病或調理臟腑，例如一道健脾藥，就包含人參、白朮、山楂、陳皮等，當中分量有主次之別。人參滋補五臟的功效很大，卻不等同健脾藥本身。健脾藥針對身體某些症狀，卻不足以帶來整個身體的健康。故此，中醫系統是一套保障身體健康的「整體觀」。醫師仔細觀看我們身體的徵狀，如脈搏跳動、舌頭顏色，以推斷病情，然後針對不同病因，從百子櫃上找到相對應的藥材，配成一道藥方給病人服用。中醫的精神，就是「系統思考」一個很典型的例子。

　　愈專業的人，會從更小的「子系統」去看待事物。想像一下，如果百子櫃的藥材沒有數以百種分門別類，只有10個櫃的藥材可選（差不多屬性的就混一起），那配成的藥方對治病能力肯定會大大降低。然而，對於一般病人來說，由於沒有專業的知識，只能以「大」的概念來理解複雜的系統，多會用上「一道中藥」（最大）或「健脾藥」（較大）粗疏地描述這藥方，

但中醫師會用最細的方式來描述它：「人參、白朮各二兩、陳皮、炒麥芽各二兩、山楂（去核）一兩半，枳實三兩」。

開始運用「系統思考」

就如一道健脾藥方，任何東西拆小來看，都能看得更清楚。我們須從最小部分開始，才可以理解一個系統的運作。例如汽車的冷卻系統，需要有散熱器、風扇、水泵、調溫器、冷卻水套及許多套與夾子組合而成，它們各自不具備讓引擎降溫的能力，但正確組合在一起時，冷卻系統就運作起來了。

有趣的是，大自然中，較小的東西彼此連結起來，其穩定性會比一個體積較大的東西為高，例如在物理學中，質子（Proton）和中子（Neutron）是自然界中較大而穩定的粒子，然而物理學家在實驗室做出差不多體量的粒子並不穩定。同樣地，大於某個尺寸的細胞都因為無法吸入氧氣及營養，或無法排出廢物而死亡。動物也是一樣，一隻380呎高的哥斯拉和150呎高的金剛，在物理學上是不可能存在的，因為它的足部比例不可能支撐其體重，最終只會把自己壓成一攤肉泥；相反蟑螂的存活就簡單得多。人類組織上，5個人的組織很好管理，順暢合作較易成真；5000人的組織如不分為更小的小組，「你一言、我一語」，基本上無法運作。

回到中醫的例子，你認為中醫師先了解人參、白朮、陳皮、麥芽、山楂的功效，還是先知道「健脾藥」，再分出當中的藥材成分呢？大家應該已有答案。正如中國古籍《禮記 • 大學》中的「修身、齊家、治國、平天下」所說，任何事物都以精通最小的部分開始，再一步步推進到更高的層次。

用這個邏輯理解，我們可以得出一個類似以下的系統思考層級，也可以檢視自己正在處理的問題，到底屬於哪一個層級。

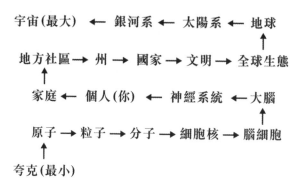

系統的穩定性

任何的系統都有其穩定狀態！當你把一桶牛奶分到兩個較小的桶，會得到兩桶較小分量的牛奶；但如果將一隻牛分為兩半，你不會得到兩隻比較小的牛，而是兩塊不會再動、也不能再把草轉換為奶的肉塊。如果想要得到兩隻牛，便需要學習「牛」這個層級系統之「整體運作（as a whole）」方式，知道牠要怎樣才可以生出另一隻小牛出來（交配，然後等待），而不是粗暴地把牠「拆開」成兩半。因為這樣做的話，「牛」這個穩定運作的系統就會消失，而轉變為另一種東西——肉塊，一個牛的「子系統」。當牛變成牛肉之後，這個層級的「整體運作」方式也完全不一樣了（例如牛放養的溫度，就和牛肉存放的溫度完全不同，後者需要冷藏）。

你可能聽過類似的例子：有一個大草原，裡面住著鹿和狼兩種動物，

136

牠們之間有非常密切且穩定的關係。有一年，寒冬期很長，鹿群數量減少，狼獵食的難度大增，老弱受傷的狼大量死亡，幼狼也因生存環境變差而大量夭折。不久，因為狼的數量變少，鹿的生存機會大增，數量快速增加。但鹿群成長太快變得擠擁，互相傳染疾病，也因牠們少了天敵而體格慢慢變弱、食物也因為供不應求而出現短缺。直到一個臨界點，最終整個鹿群都因糧食不足和疾病而滅絕。說來有點殘酷，狼的存在才是鹿群「健康發展」的關鍵因素，下次看見弱小的鹿被獵殺時，用上「系統思考」便比較不會為牠感到難過。

分析社會問題　怎樣應用「系統思考」？

我們的社會、國家、文明也是一樣，它有自己的整體運作模式，當中包括各種非常複雜的元素在互動。運作的過程可能會出現失衡，但它肯定處於一定程度的「穩定狀態」。

再以車子的冷卻系統作例子，如果它突然失效，正常的修理技工不會一開始就把整個系統中的零件全部換掉（成本太高！），而是稍為調整一下部分零件的擺放角度，把螺絲擰緊一點，或更換個別零件等，總之，一切都是以「小」的部分來開始。如果在某個地區，無家者和流浪漢的數量急速增加，我們也應該先以「小」的角度思考它出現的原因，例如當地的就業水平、就業機會、房屋數量、租金水平、貧富分佈等等。或許只要改善當中其中一環，無家者的問題就會解決。

然而，大部分人都不愛用「系統思考」，反而會用「大」的角度，把問題簡單歸因：例如認為「無家者的出現，就因為富人剝削窮人！」（單因謬

誤），然後要求政府把富人逐出社區。如果有哪個瘋狂的領導人真的把富人逐出，讓窮人全部進駐富人的房屋。對，無家者的問題暫時解決，但那個社會也會因為沒有了富人，沒有資本家、企業家帶動就業和建設，窮人最後也生存不了。就好像沒了狼的草原，鹿最終也會滅絕的道理一樣。

　　系統的穩定，在於它的反饋迴路（Feedback Loop）可以有效運作，就以香港的樓市為例：香港的房售價冠絕全球，已是一般上班族幾乎不能負擔的水平。但是，盡管這個系統有其問題存在（窮人難以擁有居所、人均生活面積愈來愈狹窄），它仍是「穩定」的（在這裡不帶道德判斷）：正因為居住空間供不應求，有人願意成為「房奴」，也有人願意交租，發展商才會認為有利可圖，繼續蓋樓蓋商場，發展更多地產，直到市場飽和。但是，難道樓價令基層市民的負擔那麼重，我們就只能讓這樣的「不公」現象一直維持下去嗎？當然不是，不過還是得像冷卻系統的修理技工一樣，每次動一兩個小環節，看能否達到比較理想的平衡，而不是把整個「地產霸權」逐出香港。

不求甚解的二元對立

　　被譽為「才子」的黃霑先生曾說：「民主包括了你、我、他。你我他，背景不同，智愚不一，貧富不等，目標各異，要求有別……所以，民主步伐必然慢。路，漫長得很，絕對不能一蹴而就。」黃霑先生口中的「慢」，不是認為民主不重要，正因為民主包括你我他，不同的人有不同的訴求，動了任何一個小環節都必對系統的穩定性帶來衝擊。所以，民主進程是一個沒有盡頭的協商過程，動了一部分就得用另一部分來平衡，過程需要很

長的時間。民主不會因為推翻了某個政府、或採用了某種選舉制度就告完成。它必然會「慢」，這是黃老先生留給大家的智慧。

今天的主流媒體有意地把國家體系分為兩個陣型：民主vs專制，並以二元對立來挑起矛盾。一般人瀏覽網上資訊，往往不求甚解，以感覺先行、加上大數據和演算法再進一步推送加強兩極分化的消息，自然導致雙方立場撕裂更形嚴重。由於我們大多沒有系統思考的能力和覺知，非常容易掉進激烈的意識形態之爭。

其實，衡量一個國家治理制度優劣，評價標準可以很多元，當中包括多個衡量指標：例如人民的生產總值、物價指數、人均居住空間、預期壽命、醫療照護、康文娛樂、藝術發展、宗教自由、精神滿足等等。如果用上系統思考，自然懂得在不同的「小」環節、「子系統」上逐個分析，以檢視一國體制之優劣，而不是盲目追求某種治理形式，因為它不過是工具而已。

A system is a collection of things which interact with each other to function as a whole. The key word here is 'interact'.

系統是事物的聚合，它們相互作用，並以一個整體去發揮作用，其中的關鍵字是「互動」。

——《系統思考》

3.3

Think Again: The Power of Knowing What You Don't Know

作者：Adam Grant, 2021

真棒，
原來我錯了！

《逆思維》

在人生中，我們總會學到很多新的知識、聽到不同意見，我們的知識一定比不上「非我」的其他人為多，所以毫無理由我們要認為自己始終是對的。每次聽到不同的意見，我們有兩個選擇：要不就是堅持己見，想辦法駁倒反對的人；或開放地承認自己可能出錯，並以追求真理為目標。可惜的是，在群眾的行為看來，多數人更傾向前者。

死不認錯，就會變對？

在社會及政治問題的爭論中，只有極少數人願意與不同立場的人展開理性溝通；多數都視對方為死敵，想盡辦法蓋過其聲音，極端的更會造出傷害別人的行為。我曾經試過和舊同學展開不同立場的對話，開始時大家各自展示理據想要說服對方，然而，這樣的理性溝通維持的時間不長。就算是我自己，也曾因為對方提出「很勉強」（我主觀認為）的論據而失去耐性，開始說一些或許貶低對方的話，當然對方也是這樣。結果事情一發不可收拾，我們由攻擊對方的論點到攻擊對方的價值觀，甚至人格，最後當然是吵架收場，自此分道揚鑣。我明白到，在爭論的過程中，人的本能反應只想「吵贏」對方，不願接受自己「可能是錯的」，甚至連想都沒想過。

上一章曾提及的心理學教授格蘭特教授（Adam Grant），他除了撰寫Give & Take外，還有另一著作《逆思維》。書中說了一個令人印象深刻的真人真事：泰德卡辛斯基（Ted Kaczynski，美國人，1942—）是一個天才科學家，他於25歲（即1967年末）就成為了加州大學柏克萊分校的教授，但數年後辭職。他另一身分是連環炸彈客，在1978至1995年間郵寄炸彈以謀殺大學教授或攻擊航空公司等，造成3死23人傷，最後被判終生監禁且不能上訴。

這樣的一名天才變成殺人魔，實在讓人不解，但原來跟「死不認錯」有關。Kaczynski自小反對工業革命，認為先進的科技只會令人變得物質和墮落，人應該回歸自然云云。他這樣的主張受到很多人反對，包括他的大學同儕。本來大家只是針對他的論點（否定工業革命），但是Kaczynski卻把反對意見視為對其人格的否定，逐漸形成了反社會人格，以致犯下大錯。如果他並沒有堅持自己必然正確，認真反思其主張有錯的可能，大概不會做出此種極端行為。

我錯了，所以我高興！

常常聽到一些經濟專家和股評人，在節目或文章自誇對市場走勢預測的準確性，例如「我早在XXXX年幾月幾日的文章中已提到XXXX會這樣發生，很不幸我又言中了！」嘴巴説不幸，心裡倒美滋滋的，因為自己説對了嘛！相反，你幾乎未曾聽過有人説「哇真棒！我搞錯了……」，也許你會覺得這樣説的人是精神有問題，但其實他們才是最厲害的。

Adam Grant，曾經和諾貝爾經濟學獎得獎者Daniel Kahneman（*Thinking, Fast And Slow*《快思慢想》的作者）共進午餐，在討論到一個行為經濟學現象時，Kahneman突然眼睛張得很大，面帶笑容説：「哇真棒，原來我錯了！」他是真的享受自己錯了的事實，因為在他85年的人生中，很少有人指出他的錯處。正因為他知道自己錯了，他會變得比以前「少錯」了一些。

思想水平低的人，總是找方法證明自己對，甚至看得比事實還重要。中等水平的人，當發現事實的確證明自己錯時，願意坦承錯誤。思想水平優秀的人，到處尋找可以證明自己錯的證據，這反而讓他們比上述兩種人都對。如果連諾貝爾獎得主都因為證明自己錯了而高興，我們又何必執著？

人不願意認錯的原因，除了認錯等於否定自己，也想要和以前的自己保持一致性。我們會覺得「以前我是這樣，現在就不應是另一個樣子」，有時候我們在和別人吵架時也愛説「我就是這樣！」，以此作為不願意改變的理由。就如以下的這張圖：不少人都覺得像最右邊的自己是比較好的，因為我「始終如一」，特別在抱持某種價值觀、宗教信仰和政治取態上，這種不願意和以前的自己分離的態度更為堅定。

圖3.1：最右邊的我「始終如一」

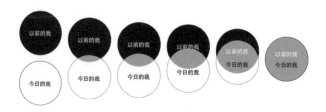

資料來源：《逆思維》

　　這種「以前有過的觀念，現在不應轉軌」的想法，肯定局限了我們吸收知識，因為每個人在早期獲得的知識，很大機會是錯的。我們每天的智慧都在增長，如果把現在和10年前的自己做比較，我們應該學會了更多、也擁有更為完善的思維方式。請把現在的自己視為更完整的人，擁抱「我錯了，所以我高興」這種讓人快速自我提升的新想法。

對面立場的人不是白痴

　　很多人說：要解決社會撕裂，我們必須做到和而不同，嘗試進入別人的角度思考，衝突就可以緩解。這說法可能沒錯，可是沒多少人可做到。實驗證明：當要求受試者進入對立的政治取態進行思考，嘗試理解他人時，多數人並沒有變得更具同理心、或對事件加深了解，反而對自己一開始抱持的觀念變得更肯定。特別是在雙方的立場對立愈極端時，我們更傾向於把對立的資訊和理據簡單化，或輕率的覺得對方很蠢。但是，這樣的成見，無助於拉近社會的鴻溝。

Thinking like a scientist requires searching for reasons why we might be wrong — not for reasons why we must be right — and revisiting our views based on what we learn.

像科學家一樣思考，需要尋找我們可能錯誤的原因，而不是必須正確的原因，並根據我們所找到的重新審視我們的觀點。

——《逆思維》

如果我們不是反智的猩猩，只想打擊對手；而是真心想要「有效地」和不同立場的人溝通，那麼 Grant 給我們一個行動建議，只是這行動不那麼容易做到：就是「先把個人情緒和主觀好惡抽離」。

在辯論之中，想要用理據壓下對手很正常，但只要我能抑制急不及待要贏的衝動，在聽到某人表達你反對的政治或社會事件的取態時，不妨嘗試仔細觀察對方，看看他對自己的立場投入了多少時間和心力？他有多關心這個社會議題？當我們能客觀的觀察對方的投入，即使你不同意也不喜歡他，但這種努力應該至少獲得你的尊重。當你能以尊重的態度去看待對手，並展開討論時，就能做到那句謠傳出自伏爾泰的名言：「我並不同意你的觀點，但是我誓死捍衛你說話的權利」。至少做到這樣，我們的社會才能重新展開理性的對話。

傳教士、檢察官、政治家

不是要導大家迷信，我曾經試過中邪，真的因為錯信某些立心不良的通靈人士，而讓自己和某些超自然力量對接上，造成非常嚴重的後果。這件事情的時序已有點模糊，大概是 2012 年左右吧，朋友介紹我去看由某個知名「法師」舉辦的法會。在法會中，這位師傅自稱「菩薩轉世」，大顯神通地展示了一些超自然能力，看得我目瞪口呆，也很敬服這位「法師」的神通。沒有宗教信仰的我一下子給迷住了，想拜他為師，借助他的神通改善生活。然而，這就是惡夢的開始。

這名「法師」門下弟子眾多，每次法會至少有一兩千名信眾前往「朝聖」。自從接觸了他，我就不斷參加這些所謂的法會，看著「師傅」顯神通

救助信眾，我莫名的感動，想要協助他「傳法」，還拉上兩個身邊好友一同拜師。當時，「師傅」給我們每人一些「任務」（一些詭異的儀式，包括長時間念經以及點火燒符紙），說照著做就可以償還以前積下的債。

我們沒多想就照著做，結果生活開始翻天覆地。我猜自己應該是中了邪，自從開始做那些儀式之後，就經常看到幻覺。據當時的朋友形容，我的臉色變得很差，大部分時間都沒有精神，神神怪怪的。一個同事的爸爸是牧師，他警告我可能中邪了，叫我遠離那名「師傅」。我當時沒聽他的，因為我已經完全相信「師傅」的話，只覺其他人不理解他的「偉大事業」罷了。隨著這些儀式帶給我們愈來愈多的負面影響，我和信眾朋友終於嘗試找別人協助。我們找到了一位佛教密宗的老喇嘛，從老喇嘛口中知道我們已經中了那名所謂「師傅」的法術。不過據他所說，那名「師傅」的法力很高，他沒辦法解除我們的法術，只教了我們念幾句藏文的佛經，起碼有一點保護作用。

那一年，我的生活就和另一世界的「那些朋友」共存在一個空間，不斷的接觸到「他們」。最後，因為實在太干擾我的正常生活，真的沒有辦法，才以「姑且一試」的心態去接觸耶穌基督。隨後，就是基督教幫我在沒有任何副作用的情況下，完全脫離了那個「師傅」的控制，回到正常的生活（過程較複雜，在此不詳述）。自此，我再也沒有和另一世界的東西對接上了。以上是我的親身經歷，也是為甚麼我由一個「不可知論者」（指不否定神的存在，但也沒有進入任何宗教之中的人），變成了半個基督徒。

跟大家分享這故事，是想表達在這個經歷中，我一直扮演 Grant 提到的 3 種角色：傳教士、檢察官和政治家。在「傳教士」狀態時，因為已形成強烈的信念，所以不需任何證據就盲目相信「師傅」的話，我也為自己的信

念辯護，合理化一些奇怪的行為和儀式。萬一有甚麼人敢批評「師傅」，或者不信任他所做的事，我就進入了「檢察官」的模式去攻擊他。我也喜歡總是和「教友」待在一起，覺得其他人都不明白「師傅」在行的「大義」，有如「政治家」喜歡拉幫結派。

　　傳教士、檢察官和政治家的3個狀態，是內建於我們的偏見，需要刻意的警惕他們的出現。如果既有的信念是錯的，只要這信念一旦形成，我們就需要極大的努力才可以擺脫它，因為過程中我們會漠視與之相反的證據，這是人性使然。所以，請好好運用「重新思考」的方式，以「我錯了，所以我高興」的態度進行探索，先把既有的錯誤知識卸下，我們才能進入更高階段的思維及學習。

3.4

作者：Charles Munger, 2005

Poor Charlie's Almanack: The Wit and Wisdom of Charles T. Munger

融會貫通的「常識」，

才是真智慧。

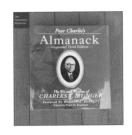

《窮查理的普通常識》

　　從事培訓行業的那幾年，很多時間我都在國外，搭飛機是家常便飯。一個人出差聽起來很寂寞，我卻十分享受。一位非常睿智老前輩的人生格言：「*我手裡只要有一本書，就不會覺得浪費時間*」，這也慢慢成為我的座右銘。

　　出差時的機場候機室，或者當飛機延誤要呆等好幾個小時，都是我寶貴的學習時間。一次在上海公幹，航機因為天氣問題延誤足足10小時，旅客都乾著急，有些跟地勤人員「理論」（帶有小量髒話），有些坐不安吃不下。當時我心裡十分平靜，頂多有點擔

心太快把手中的書看完罷了。那個畫面很深刻：好像整個世界都在快轉，自己卻在慢動作閱讀一般，感覺十分有趣。那段時間，我真正感受到閱讀好書給予人內心的安穩。

與智者為伍

要選一名可以在生活各方面指導人生的導師，我首推查理‧蒙格（Charles Thomas Munger）。這位今年已經99歲的老人，就是說上面那句人生格言的人。

Munger 身為巴郡（Berkshire Hathaway）的副董事長，是股神巴菲特的合夥人、這所投資航母第二把交椅。他早已擁有一般人100輩子都花不完的財富，但這位智者幾乎跟富人的生活習慣絲毫沾不上邊：他住在幾十年前買下的普通房子，出入乘搭的是經濟艙，任何時間只要手拿一本書，就能安之若素。他只會跟家人一起時才乘搭私人飛機，因為不能虧待辛苦為家庭付出的太太。Munger 也致力於教育、慈善事業，帶著極高的道德標準，會為自己約了後輩吃飯遲到而鄭重道歉。他也多次發表演說，誨人不倦。

最令人敬佩的是，Munger 始終保持低調，對名和利完全沒有執著，把聚光燈都讓給巴菲特。他說過：「我的劍留給能揮舞它的人」，Munger 由始至終關心的都是傳承、道德與人文精神。而蒙格的處世哲學，他口中的「劍」，就是他稱之為「普通常識」的東西，聽起來不怎麼厲害，卻是把最簡單的人生道理，錘鍊到極致境界。

「普通常識」才是最高智慧

很多人都以為，每個人應最少精通一兩個專業，成為「專業人士」就代表了成功。我們的世界以不同的專業劃分，就算讀書時選科，也要決定未來專攻理科、商科還是文科，而且選定以後，人生規劃就基本定了調：醫生幾乎都是理科出身、文科生畢業後轉攻工程困難重重等。專業當然重要，很多偉大發明都是由最厲害的專業人才成就的。

但如果是一名投資者、或真的想要認識世界的人，那就得從「常識」入手。蒙格在《窮查理的普通常識》提醒：如果我們只有一兩種思維模式，那麼在面對複雜多變的世界時，我們肯定會把現實扭曲，直到它符合自己的思維模型為止。專業的危險之處在於，因為專業人士在社會上擁有較高地位，以致他們誤以為自己在其他方面都真的高人一等。然而，仔細思考的話，世界的運作系統是複雜的，某一件事的出現，可以用各個不同的領域來分析，而一個小小的專業院系不可能囊括人世間全部的智慧。

不過，我們從小到大就被灌輸要學習一門專業，原因是這樣的社會，比較好管理。社會的分工要求各人各司其職，因為世界的資源有限，一個人的成功必然利用背後數以百計人的血汗，即使有些人擁有不同專業知識，他們是可輕易被取代的（當然，大師級的專業人士除外）。只有能融會貫通不同專業的基本知識的人，才有能力站在這些專業人士之上，管理他們。就如一家公司的老闆可以聘用多名專業員工，他不需要比這些員工更專業，只需有整合這些專業知識的「普通常識」即可。

151

"What are the secret of success?

one word answer: "rational"

「成功的秘訣是其甚麼？」

答案僅兩個字：「理性。」

—— 《窮查理的普通常識》

大國竟也缺乏「普通常識」？

研究經濟學的朋友都聽過「比較優勢」理論，那是由英國經濟學家 David Ricardo（古典經濟學的奠基者，曾任英國國會議員，1772—1823）提出，他的主張是：只要各國都只生產自己最有優勢的產品，然後彼此之間進行自由貿易，貿易雙方都能得到極大利益，世界的整體得益就能最大化。這理論聽起來非常合理，充滿樂觀又和諧，所以今天的人仍然為這個理論著迷。

但是，這理論只會在某一時間維持雙贏局面，隨著時間的推移，它的平衡必然會被打破。以最強大的國家 —— 美國為例，她自2000年開始和一個很窮、很落後的國家 —— 中國 —— 進行全方位的自由貿易。這種關係持續了很長的時間，而雙方也真的獲得很大利益，這正是「比較優勢」理論的美妙之處。然而，這樣的關係不會一直存在，因為中國的經濟發展由此大大得利，也在自由貿易的推動下，吸收全球當今科技的精華，中國愈來愈強大，產能亦向上游發展，這肯定會挑戰美國的地位。然後，雙方會就全球霸主的地位而展開激烈競爭。

同一時間，美國因為生產力外流，令一些中下游的工業出現萎縮，美國發現自己現在難以把工業遷回本國，只能把最高端的技術死命抓著，不外流到中國去。這也是必然會發生的事。如果美國當年「選中」自由貿易的夥伴，不是中國而是另一個人口大國，例如印度，那也幾乎可以肯定，印度也會某程度上複製中國的發展進程。

但是，Ricardo 的理論只描述了兩國合作的最初狀況，卻沒就第二階段和第三階段的發展有所研究。當然，Ricardo 身為一名經濟學家，他肯定也

不會就弱國發展起來後，在政經制度上可能挑戰強國的狀況進行闡釋。如果你試圖和經濟學教授討論這現象，會發現他們都在迴避，就像你冒犯其「專業」一樣，把他們視之為金科玉律的經濟理論說成脫離現實的觀點。這正是專家的共有問題。經濟學在這個例子中，脫離了地緣政治學、社會學等因素時，其獨立解釋事物的能力便有明顯不足。大國對弈的現象其實也不需要甚麼高深理論才可解釋，你只需要有點「普通常識」，包括對地緣政治、行為心理學、地理、社會學等的基本知識就可以了。

「如果你只會拿著鐵錘，世界就像一根釘子」，這叫做「鐵錘人候群症」，意指只根據自己的知識來看世界一切事物的人，會專注至無視其他人與事。要提升「基本知識」，沒有甚麼捷徑，只能自己慢慢來，請把這第三章這幾節全部看完（最好也細閱這些原著），並付之實踐，可特別應用3.2章節中提到的「系統思考」方法，然後不斷的自學，把約100個不同領域下的重要理論學會，就能看清和理解世間萬事萬物的各種因素怎樣互相影響。

「反過來想，總是要反過來想」

你應該聽過股神巴菲特的名言：「*投資法則只有兩個，第一是不要賠錢，第二是不要忘記第一法則。*」很多人都只把這當作為股神的口頭禪，其實內裡包含投資以外的所有人生智慧。

巴菲特的合夥人Munger，也有一句名言：*All I want to know is where I'm going to die so I will never go there*（「*如果我知道我將來會死在甚麼地方，我就永遠不去那裡*」）。這正正顯示他畢生奉行的「反向思維」。他在2004年的巴郡股東年會上，一名年輕人問巴菲特和Munger，人生怎樣才可

成功，Munger回答：「別吸毒、別亂過馬路，別染上愛滋病」，換來台下一笑。大家以為 Munger 只是開玩笑，其實這正是他在生活中避免麻煩的真正智慧（因為這些事都可以一下子把人生毀了）。大家都做過選擇題，當我們不知道正確答案時，用「排除法」非常有效，剔除某一個一定是錯的答案，那就離正確的答案更近。

所以當我們要獲得 X，應首先研究怎樣避免非 X。正如要獲得財富，首先要思考怎樣避免破產。多數人都不能致富，是因為無法看到會摧毀他們的經濟危機的來臨，察覺不到經濟泡沫的出現或看不出投資品的陷阱，常常被一下子打垮、不能翻身；多數企業管理不善，是因為它們容許員工利用公司的漏洞去欺詐顧客；宅男追求不到夢中女神，是因為一開始就惹她討厭了（例如人家稍遲回覆短訊就老羞成怒）。多數人都是因為避免不了非 X，而最終沒獲得 X。

所以，聽聽 Munger 的勸告：*要過上幸福的生活，先把會令你過得悲慘的因素排除吧。只要讓自己不去那些會殺死你的地方，然後每天比昨天聰明一點點，在複利效應下，你的智慧與日俱增，就一定可以獲得理想中的人生成就。*這就是 Munger 奉行的「反向思維」。

智者的「基本常識」

巴菲特及 Munger 主理的巴郡，成就斐然，因為結合了兩個智慧已到天花板的智者之大腦。Munger 說過，想擁有一樣事物的最好方法，是讓自己配得上它，專注地提升自己是唯一的方法。

我最佩服Munger的地方，在於他好學不倦的精神。已經99歲的他，和巴菲特一樣，生活中一半時間都在閱讀，Munger的孩子都笑他是長了兩條腿的書。他說遇過最聰明的人，以及各行各業的頂尖人物，沒有一個不是每天閱讀的，沒一個是例外。我自己持之以恆的閱讀毅力，也是來自於Munger。

Munger強調，特別是今天的年輕人，特別容易陷入強烈而愚蠢的政治意識形態。當今香港社會出現的泛政治化、固態化、立場先行，正正是極端意識形態的結果，被這樣騎劫了的人，腦袋多半是空的，幾乎可以保證過上悲慘的生活。

Munger的另一個普世智慧是誠實，他有一句名言：「*如果你說真話，就不用記住謊言了。*」在一次收購計劃中，他其實可用遠低於面值的價格收購兩個老太太的企業債券，但蒙格照面值付給她們。另一次，一個合夥人需要錢，想出售合資公司的股份給蒙格，他開價比較保守，只要13萬，但Munger拒絕了，因為那批股份值23萬。Munger說，在公開市場買到便宜的股票是一回事，但佔老太太和合夥人便宜，這樣的事他絕對不會做。也許就是這種不以利益先行的處事待人態度，才造就了他的成功。

希望你也可從Munger的「基本常識」中得益。

建立精神韌性，
應對「黑天鵝」

Antifragile: Things That Gain from Disorder

作者：Nassim Nicholas Taleb, 2012

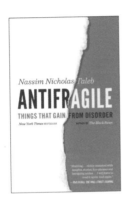

《反脆弱》

如在你在香港大街上看到照片上的情景，會想甚麼？大概是「這個人是不是有毛病？」

身處發達城市的居民，我們肯定不會這樣做，這無關美觀與否，而是我們認為用頭來承重，應該不是甚麼好主意，更別說這樣一個放滿水果或穀物的籃子可不輕，動輒幾十斤。可是這場景放在印度、非洲或美洲的傳統社會，則隨處可見。結果是，人家的骨質密度和強度遠比我們高，而製藥公司才不要去那邊發展。

弱爆的現代都市人

要是有時光機，我們回到 7000 年前，看看人類的祖先，你一定會驚訝地發現：曾曾曾曾祖母非常健壯，再看看那個負責狩獵的曾曾曾曾祖父，他的體能就像是現今的奧運選手、或 MMA 拳手的超級加強版 5.0。科學家都說，比起以前的人，我們這一代的身體狀況真的弱爆了。不要誤會，我們現在的平均壽命更長，才不是因為我們的身體好！那只是因為醫療和人類所汲取的營養大幅改善罷了。

以前的祖先生活艱難，隨時都得面對生命危險：不是在追著獵物跑，就在拚命的躲避獅子和獵豹的攻擊，那種「跑不贏就沒命」的戲碼每天上演。拚命搏鬥時，甚麼都顧不上，身體機能和集中力提升到極限。只要沒有死掉，存活下來的人非常強壯，而每次搏鬥死不了，身體就會更加強壯。相反，當今在城市的我們，生活都太過和平幸福，那種不拚命就活不了的危機，一輩子大概不會遇上幾次。如果現代人代表的是脆弱，祖先的身體並不止是「強壯」或「堅固」，它有一個更準確的形容詞 —— 反脆弱（Anti-Fragile）。

曾祖父辛苦了！

第一章提及 Nassim Nicholas Taleb 的家傳戶曉著作《黑天鵝效應》，這位我非常喜愛的鬼才哲學大師，也寫另一本書《反脆弱》，提及今日的世界愈走極端，也將出現更多不可預期的怪事。**過去行之有效的生活和工作方式，都將面目全非，所有擁抱過去不願變通、或只追求穩定的人或企業，**

都會是時代發展的犧牲品。而應對未來的世界，我們需要建立的東西，就是「反脆弱性」。

為甚麼曾祖父母的體質不是強壯／堅固，而是「反脆弱」？這兩者有根本的分別。如果有一件東西，幾乎怎樣摔都摔不壞的話，我們會形容它有堅固的性質。但只要破壞力到達一個臨界點，這個東西就可能爛掉。例如一塊兩吋厚的擋風玻璃，它非常非常硬，你用鎚都打不爛它；但如果拿著它從100樓高的天台扔下去，我保證它一定摔得粉碎。這塊玻璃有了堅固的特性，但不是「反脆弱」。

曾祖父就不同了，他的身體雖然非常強壯，但如果他從100樓般高的懸崖掉下去，他也多是必死無疑。不過，曾祖父和擋風玻璃有個不同之處，就是只要「殺不死他，他就會變強大」。曾祖父曾經被鬣狗追殺，他躲過了；給狼群追，他也躲過了；給獅子老虎犀牛追過也躲過了……於是，每次躲過捕獵，只要沒有受傷，祖父的身體機能和經驗必然會提高。可以想像，下次見到犀牛，曾祖父或許以雙手戰勝牠，捧回去送給曾祖母吃。擋風玻璃可沒有這個特性，一公尺摔不爛它，兩公尺、3公尺都不行，直到10公尺它就應聲碎掉，可是每次摔它，它不會變得更堅硬，頂多只是維持現狀，這就是反脆弱跟堅固的根本分別。

要決定一件東西是脆弱還是反脆弱，得看它應對「隨機性」、「不確定性」、「壓力」和「錯誤」的能力：當它會因為這些因素而輕易爛掉，它就是脆弱的；如果它能頂住這些因素帶來的衝擊而維持現狀，那它就是堅固的；如果它能因為這些因素出現時變得更加強大，那麼它就具備反脆弱性。

你會失業嗎？

反脆弱在工作上的應用範圍很廣，我們可以先來檢視一下：未來你失業的機會有多大。首先，「**脆弱的工作**」就是在不確定性或壓力一出現時，將會瞬間爆掉的工作：例如文書工作職員，可以因為生成性 AI ChatGPT 的出現，而被裁掉；一大批銀行職員，可能因為銀行擠提宣布倒閉，令他們立即失業，這些工種就幾乎沒有抗壓性。還有，那些在企業中做了非技術性工作很多年，爬到中級位置的人，向上提升乏力，向下又不及年輕有活力的員工，如果經濟危機一出現，他們都是瞬間被裁的部分。

「**強固的工作**」意指面對不確定性或壓力時，有不錯的防禦能力：例如政府工、廚師、私家看護或建築工人。大家都說政府工是「鐵飯碗」，因為就算一座城市出現經濟危機，只要政府還在運作，必然要僱用政府人員，給他們支薪，以繼續向公眾服務，所以政府工擁有強固性。廚師擁有解決人類生活基本需要的技能，這技能在絕大多數情況下依然管用。你能想像到，就算逃難時，廚師的技能依然有其價值。至於私家看護或建築工人，因為他們的工作涉及既瑣碎又複雜的工序，不太容易給機械人取代，或至少研發這樣的機械人費用極高，所以在一段時間之內，他們也不太容易會失業。

「**反脆弱的工作**」則是一些面對不確定性、壓力、錯誤，以及時間過去而獲得愈多好處的工種：銷售員、創業家和 YouTuber 都屬於這類。多數的銷售員都沒有底薪，但成功的話回報可觀，銷售能力會隨著被人拒絕的次數而提升，創業者也是一樣，其生存方式和曾祖父沒多少分別，都是不成功便成仁（只是比喻，在城市是死不了啦），在極端壓力下總會想盡辦法生存下來。

　　而且創業鍛鍊的技能可以在一個事業失敗之後用到別的事業上，屬於愈挫愈勇的工種。至於 YouTuber，也就是我的工作，我們需要市場的關注，不管是好的還是壞的評論，都有利於我們獲得聚光燈。最理想的狀況是，YouTuber 製作出極具爭議性，又能兼顧到正反立場的節目，只要在留言區有愈多人互相對罵，節目的收益就更好；我們最怕的是，丟出來的影片就像沉下海的石頭，泛不起半點漣漪。

追求穩定害死人

　　關於「反脆弱」，我想起一個歷史明證。在 1930 年代，第一次世界大戰結束後，歐洲出現了極為詭異的氣氛，仿佛上次還未打夠一樣，各國隨時都想再來幹一番。戰勝國法國就在強鄰德國旁邊，因為戰敗國德國遭受嚴厲懲罰，國內仇恨值拉滿。法國每天提心吊膽，擔心強大的德國再次入侵，所以展開了「完全防禦」的軍事思想。其後，法國用了近 10 年的時間，在法德邊境修築了一條極為堅固的防禦工事，被稱為「馬奇諾防線」（Maginot Line）。這條防線建立的中心思想是：只要德兵在邊境入侵，必然會遭受極大的損失。因為有了這道固若金湯的防線，法國覺得終於安枕無憂，開始疏於訓練，變得鬆懈和貪圖逸樂。最後，德軍並沒有從邊境攻擊，而是繞道由北面的山區入侵，結果法軍一敗塗地，在二次大戰時幾乎遭受滅國的打擊。

　　這段歷史，可以說是為了追求穩定而陷於失敗的最佳案例。歷史學家以及軍事專家在評價這一段歷史的時候，都認為法國犯了一個非常大的錯誤，作者稱之為「過度干預」（Naive Interventionism）。他們把法軍當成是

需要保護的小孩，絕對不能讓他們受到傷害，最好在擁有壓倒性力量的軍事設施下防守。本來，極端的時期（隨時開戰的氣氛下），正是提升軍隊實力的最好機會，如果法軍時刻害怕德國入侵，必然會加強訓練並提高警戒（像原野上的曾祖父）。這樣的話，就算在沒有「馬奇諾防線」的保護，仍有可以戰勝德軍的本錢。但是，堅固的防線反而削弱了軍隊的力量，增加了法軍的脆弱性。

我們面對的世界也是一樣。因為處於非線性的發展時期（例如 AI 的突破就是非線性的事件），未來出現「黑天鵝」的機會，遠遠大於從前；當我們不能用經驗預測未來，建立「馬奇諾防線」便完全沒有意義。相反，常常處於警戒，接受明天一覺醒來的世界就完全不一樣的想法，多把自己暴露於「不會致命」的危險之中，承受一定的損失，卻有助於提高反脆弱性，以應對突發之危機。

精神韌性──反脆弱的催化劑

回想起自己事業進展得最快的階段，正正就是沒有退路的時刻。自從 2008 年開始自己的生意，創業的一段長時間都在工地上度過。每天日曬雨淋髒兮兮，對我這種沒捱過甚麼苦「少爺兵」來說，可不是普通的磨煉。最深刻的一次，是我們接了一個大項目，要連續苦幹幾天幾夜。

一天晚上，我們在室內的健身房做安裝工程，因為身處密閉空間，完工後 3 個人全部吸入化學劑中毒，上吐下瀉，連黃膽水都吐出來了，即時要去急症室，早上才從醫院爬出來。正常的打工仔，肯定是拿病假回家好好休息；但我們不能，因為另一個客人已經簽了約、付了訂金，那天早上

我們必須到一家酒店餐廳施工，違約？賠錢吧。結果，我們拖著只剩半條命的身體，又去苦幹。

這6年間的鍛鍊，我和夥伴建立了非常「反脆弱」的身體韌性，也因為長期暴露於高溫環境下（炎夏的天台溫度，動輒高達40度以上），我們的身體變得比較耐熱和不易中暑。現在，夏天時走到街上，看到人都在難受地擦汗，我還只是覺得挺暖和舒服的，晚上不開冷氣睡覺都不太冒汗，這應該是身體建立了「反脆弱性」了吧。

可是，那6年每天做著同樣的厭惡工作，到底是怎樣堅持下來的呢？我在過程中學會一個重要技巧，就是把「自己的感受關掉」：身體感受到不適，就很容易產生負面情緒，而負面情緒又會提高身體不適感，很容易令精神和意志崩潰。我們可以主動的把感受磨鈍或關掉它，讓身體去處理這些工作任務就可以了。

怎樣做到呢？把專注力放在過程（Tasks Oriented），取代只盯著目標（Result Oriented）。譬如說今天要在工地工作10個小時，然後未來一整個星期都是如此，只要想到未來7天的安排，心情肯定難受。那麼就把專注力放在當下，把接下來要做的事，打碎成一個個段落，最後用清單把它記下來。然後，把感受關掉，用身體去執行清單，關注工作過程而不是結果。

以上是建立精神韌性（Mental Toughness）的高效方法，請認真去嘗試一下這種訓練。你將發現沒有負面情緒支配的身體，工作效能和穩定性會大大提高。然後，那7天很快就會過去。

拆除自己的「馬奇諾防線」

在事業剛剛穩定的時候，我發現自己的成長也在變慢。盡管那個時間已開始製作「Lorey讀好書」的節目，但是產出少得可憐。因為我當時的心態是：反正已經建立了穩定的收入來源，所以這個文化工作只為興趣、玩玩就好。回想起來，只覺那時候非常愚蠢！或許是因為擔心自己再次創業，未必能成功，所以給了自己戴個頭盔，設了「只是玩玩」這條後路；也可能因為自己已有穩定的基本被動收入，覺得「就算不賺錢也沒關係」，這不就是我給自己建的一條「馬奇諾防線」嗎？

回想起來，這3年的文化工作和閱讀心得整理，並沒有像當年那種需要拚盡全力的壓力，我就像一戰後的法軍一樣，鬆懈和貪圖逸樂。所以，最近我把「防線」拆了，讓公司的會計一整年不付給我一毛錢，直到年底。那意味著：我需要靠文化工作、包括節目、培訓案和稿費養活自己，也要給父母家用和支付所有開支。結果，背水一戰的感覺真好，這兩個月我發現自己突然可以再榨出起碼再多一倍的產能。

再次進入另一個「反脆弱」的週期，我找回了進化的道路。

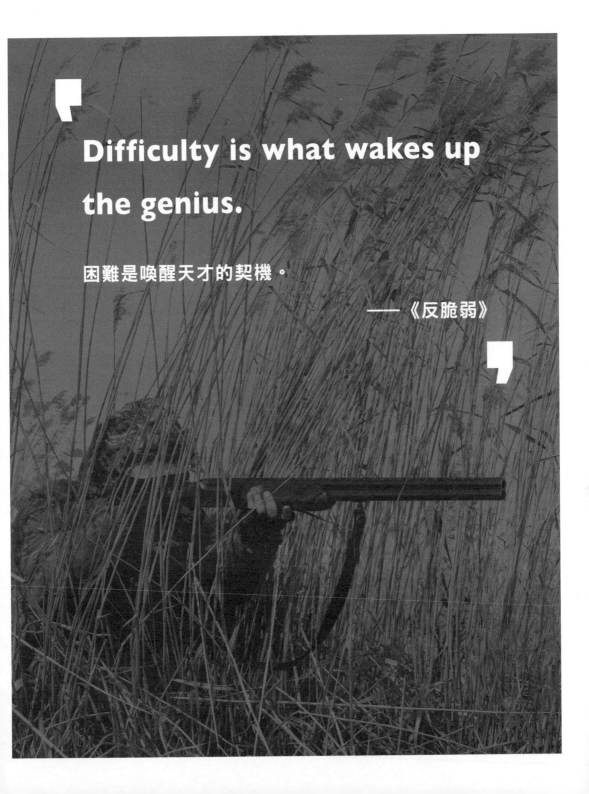

Difficulty is what wakes up the genius.

困難是喚醒天才的契機。

——《反脆弱》

第四章

這樣工作及生活，
讓你成就跨一大步。

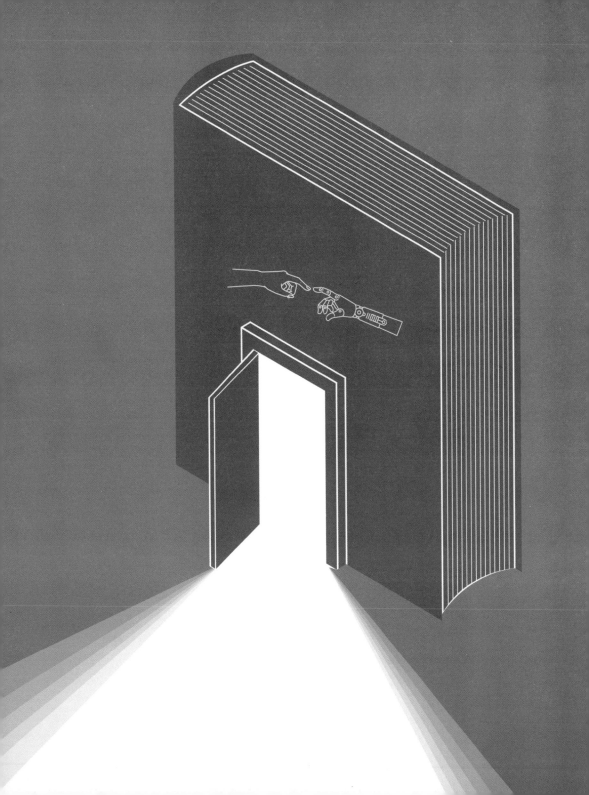

4.1

進入享受工作的
「心流」狀態

《心流》

　　有沒有想過這個問題：我是要生活才迫不得已去工作；我恨不得有更多時間放在玩樂，這才是「享受人生」。

　　相信很多人把「工作」和「生活」區分開來，而且我們的文化對工作有根深柢固的刻板印象，那就是工作必然是被迫的。去年我遇到一個老朋友，他比我年長10多歲，白手興家、生意做得很好、賺的錢也能把家庭照顧好，不過他並不喜歡他的事業（化工的，我想多少有點厭惡性吧）。那天他跟我說：「最近有些感慨，發現自己已經55歲了，運氣好的話，人生只剩20幾年可以做自己熱愛的事情。」那天他還說，十分羨慕我。

工作不是為了錢，還有甚麼？

　　對的，很多人花了一輩子去想「錢」，但沒有想過自己的人生已到了「倒數階段」。當然，我們一出生已在倒數，不過年輕時總留意不到它，直到像我朋友一樣到了知命之年，才開始思考自己想要甚麼。我朋友後來說，他要從今天起認真考慮接下來的時間安排。然而，更多人連想都沒想過「時間」，一直做不喜歡的工作、累積銀行戶頭的數字，到晚年才發現自己根本沒時間花，把財產都留給下一代（或是付給醫生）。我想不出來這樣的工作和人生，到底有甚麼意義？

　　累積金錢只是手段，去通往你想要的生活，金錢不是目的。事實上，物質生活（錢）與快樂／幸福感是沒有正向關係的：

圖4.1　美國人均收入與幸福感（1957至2002）

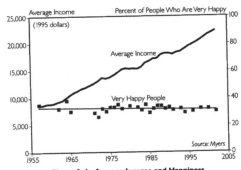

Figure 8-1. Average Income and Happiness
in the United States, 1957-2002

由世界觀察研究會在2004年發表、調查美國人的平均收入與幸福感的關係，上圖顯示就算美國人的平均收入趨升，「認為自己活得非常快樂」的人，比例也沒有怎麼上升。同樣地，惡劣環境不必然讓人「感到」十分不幸與痛苦。問一個億萬富翁和一個貓奴「今天覺得自己幸福嗎？」，他們會給出很接近的答案。另有一個調查說，當月收入超過港元35,000左右，再增加收入所帶來的「邊際幸福感」就會慢慢降低。所以，錢當然很重要，但我們肯定要在工作中尋找點別的。

你在浪費掉一半的人生？

生物的演化是跟不上科學的進步，所以人類仍保留著我們祖先的一些遺傳，也叫「本能」，本能未必是對現在的我們來說最佳的狀態。例如祖先在原始環境，大部分時間不得不「醒著」求生；肉一到手，便要吃掉，能讓身體儲備更多的熱量，實在尤關重要。所以祖先們一天到晚都在工作，當你問他們是否熱愛工作，他們會覺得遇到個傻的。

不過到了今日，我們生活的環境輕鬆多了，起碼食物和棲所並不難求，但我們先天的本能還是會盡力追求更多的「卡路里」（這裡指錢），而這份本能未必對現代的我們有益（或至少於生存而言，不是那麼必需）。所以，如果你還在花一半的人生（工作時間），謀求儲備過多且不像以前（上萬年以前）那麼緊張的物資，還因為工作過量而不快樂，那麼無疑是在白白浪費生命。

既然工作用上一半的人生，那麼工作是否快樂，就決定了我們生活過得怎樣。蘇格蘭評論家湯瑪士·卡萊爾（Thomas Carlyle）曾說：「找到自己

屬意的工作是件幸福的事，其他別無所求了。（*Blessed is he who has found his work let him ask no other blessedness*）」佛洛伊德也有同樣的看法，當有人問他甚麼事是心理健康的表現，他簡單地回答：「能愛、能工作。」不過你一定會說，開不開心又不是我一個人能決定的：不斷重複的爛工作、爛同事、爛上司，等等等等。那怎麼可能享受工作？也對，找到並擁有一份熱愛的工作是件奢侈的事，不過我們起碼應該努力看看。

怎樣工作才不無聊？

雖然我不止一次說很熱愛現在「介紹閱讀」的工作，也有人羨慕我能以自己的興趣為生，但其實我本來一點都不愛看書，是那種一打開書就會睡著的人，只是後來才刻意的練習逐漸克服。過程中，我問自己一個最重要的問題：要怎樣做這個閱讀的工作，才能持續做下去，而不感到無聊？這取決於3個重要因素：「挑戰＋練技＋獎勵」。以打遊戲機為例，厲害的遊戲設計者總是可讓玩家有一直沉下去的衝動，這樣的遊戲的特點也是包含了「挑戰＋技能＋獎勵」：不能太簡單，有一定的遊玩難度、在過程中也要磨練一定的技能，不是隨便摁「平A」（指遊戲時的普通攻擊技，通常是摁A鍵）就可輕鬆通關，而且打過了還有意想不到的獎勵（裝備？）。我們的大腦最難抗拒這些東西，每次經歷「挑戰—獎勵」，就會分泌大量「腦內啡」，讓人愉悅。這些遊戲的設計者是完全認識我們的生理構造，所以，我們也可像遊戲設計者一樣，好好利用它。

我們需要了解自己建立興趣和熱情的「原理」，請看下圖：

圖4.2　心流模型圖

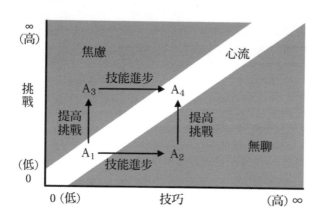

資料來源：《心流》

剛開始打遊戲，自己雖然不熟練、但還是能應付，此時處於A1的狀態。不過，不多久後過了某個瀕臨感到無聊的點，我們就會逃出A1，不玩了。

若遊戲設計者給一個難度沒多少分別的關卡，玩家還是覺得無聊，此時處於A2。

若遊戲設計者給一個太難的關卡，我們憑A1級的技巧未能跟上，便會相當挫敗，此時處於A3。

只有在遊戲給予較大的挑戰，而玩家技巧又能應付，有望排除困難並克服它，就會達到A4，這叫做「心流」。

「心流」由匈牙利心理學家Mihaly Csikszentmihalyi提出，他認為滿足感和「心流」體驗直接相關，所以人並非只有在休閒時才能感到幸福。轉個方向看，以「心流」作為我們持續工作的動力來源的話，工作就不必然是痛苦的。

Csikszentmihalyi做過一個實驗，測試人分別處於工作和休閒活動的「心流」狀態（當活動的「挑戰程度」和「技能使用程度」高於周平均值以上，就定義為「心流」狀態；而這個狀態中的受試者會有「堅強」、「有活力」、「有創意」、「專注」、「積極進取」的感受），結果出人意表：受試者在工作時，有約50%的時間處於「心流」狀態；休閒時則僅18%。

這個實驗結果的重要意義在於，如果幸福感和「心流」狀態相關，「返工」感到幸福的時間，竟遠大於休閒。這大概證明了我們以為休閒和玩樂時才能體現幸福人生這個想法，很可能是錯。

我好像不想打機了

把心流「應用」在工作完全是可行的，只不過我們需要把工作的樂趣先發掘出來，因為工作（我的則是閱讀）不像遊戲的設計，會讓我們自動的上癮，所以要到達A1那個階段，需要我們刻意的進行：以我來說，我先選擇自己感興趣的簡單題材，並從中找到樂趣（學會了知識），然後提升讀物的難度（看一些更深入的著作），並嘗試克服它，讓自己達到A4並持續向上。另外，由於我的工作不止於閱讀，還要斟酌表達方式，把書本內容整理成能吸引觀眾、觀眾能吸收的，這一步又要捨棄平鋪直述的簡單整理，非常困難。（因為說太深入觀眾未必能聽懂；太淺白觀眾就覺得「唔夠喉」）。

觀眾的正面回饋、網台的瀏覽人數、點讚比例，也能產生另一種「心流」，因為對我來說都是工作的獎勵。當我嘗到閱讀和製作節目那種全神貫注而忘我的感受，打遊戲那種程度的「心流」，根本難以媲美。

「心流」的敵人：精神熵

我們上述種種可以看出，「心流」的產生，是一個建立內在秩序的過程：當外來資訊和個人意識中的目標一致，並加強、提升，持續不斷的話，人的精神力量會變得強大，幸福感和滿足感都隨之而增。然而，如果外來資訊與個人目標有衝突，「內在秩序」受破壞、甚至建立不了，精神垃圾大量堆積、我們感到巨大壓力、不安、焦慮、注意力渙散、幸福感減低等等，這個效應被稱為「精神熵」。「精神熵」可以不成比例地影響我們的生活且難以察覺，發現時正是健康出問題的時候。

例如當你的辦公桌亂糟糟，昨晚回家你隨手把鎖匙丟在上面，今日早上怎樣都找不到，結果你一天都為這件事而內心有點亂，墜入「甚麼都做不好」的狀態，連帶影響工作表現，表現欠佳被上司責怪，進一步產生負面情緒，整個精神陷於混亂，這就是「精神熵」。不過，混亂源頭既是「辦公桌很亂」，那把工作的外在環境執拾好，或同時不要有太多任務佔據自己的心靈，便避免了「精神熵」，滋養「心流」體驗的機會就會大增。

希望你也藉此在工作中找到獲得幸福。

The best moments usually occur when a person's body or mind is stretched to its limits in a voluntary effort to accomplish something difficult and worthwhile.

最好的時刻，通常發生在一個人自願竭盡身心所能，挺過困難而完成有價值的事情。

——《心流》

4.2

對的原則

可以駕馭感性與本能

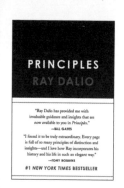

《原則》

　　「別假裝很努力，因為結果不會陪你演戲。」 這句話你一定聽過，但它是錯的，或至少非常誤導人。因為它的意思是：假裝很努力終究是不行的，你要「真的」很努力才行。當然，努力有助於成功，努力卻遠遠不是一個決定性的因素。大自然並不是這樣運作的。

　　今天我們把水倒進煲裡、用火加熱，只要那個煲確實會傳熱，過了一陣子，水就必然會燒開，這是一個大自然的回饋機制，就如2+2=4般必然是對的。如果說努力是成功的必要條件，

那它應該會觸發「必然」的成功才是，但很多人努力了一輩子，未必有所「成就」；也有人不怎麼努力，卻在人生中獲得巨大「成功」……代表「努力並獲得成功」雖很勵志，但關鍵不在這裡。所以，如果你正在為理想奮鬥、努力，以下的小建議就對你很重要。

回顧人類歷史，儘管人在科技、社會生活的體驗不同，但那些遇上生死攸關的經歷大概都很接近，所以你今天的坎你從沒遇過，但以前的人肯定都走過。當我們從歷史中找出別人走過的坎，以及大自然是怎樣回應的，而只要我們這個資料庫愈大，歸納出來的「成功法則」準確度就愈高。然後，我們吸收這些成功法則，並以此來調整自己應對不同狀況下的行為，那就是在生活中建立「原則」。

保持極度理性

全球最大的避險基金橋水公司（Bridgewater Associates）的創辦人、世界百大影響力人物之一、被稱「鱷王」的達里歐（Ray Dalio）就用了超級電腦，把人類歷史以上「走過的坎」，整理成我們生活應有的一切行事《原則》。達里歐的「原則」全由電腦和演算法「計算」出來，有強大的數據支持。以它們指導人的一切行事，可有效避免個人的誤判，因為人類總是帶著感性、激情、傾向用本能和直覺來反應，這對於我們達至成功幾乎是毫無好處的。

大家一定都看過：地鐵車廂之中，A給擠進來的B推了一下，A被觸怒了，腎上腺素快速上升，然後去跟B理論，豈料B也不是好惹的，非但沒有道歉還惡言相向。結果，由一個碰撞，引爆一場打鬥，雙方進了警察

局。A和B本來都有事在身，就是因為這樣的一份「激情」，變成了客觀的雙輸狀態。如果A早在其生活中訂立了這一項原則：非到攸關生死時，絕不訴諸武力（這項原則在文明發達的今天來說，可能是最優選，因為我們根本沒有多少情況需要生死相搏）。那麼，即使B百般挑釁，他也一定會努力避開衝突，繼續做該做的事。實踐這項原則，A需要放棄回應當時感受到的憤怒情緒，冷靜下來並轉身離去，這需要極度的理性與機械式的操作。

當然，感性和激情不是全無用處，由文學、音樂藝術，到那些偉大的領袖，也是靠激情的演說來籠絡民眾，他們不也是很「理性」的知道這樣的話最能鼓動人心嗎？正如在銷售活動之中，把客人引導到決定購買的瞬間，其間的說辭、表情都是基於感性的考慮多於理性的。

法國著名社會學家古斯塔夫 • 勒龐（Gustave Le Bon）提出「烏合之眾」的概念，正正描述感性激情的人聚在一起，能產生巨大的力量，這股力量可以扭曲為不智和愚蠢。理性的人總是深諳此道，懂得操控「烏合之眾」以獲得利益：看看那些群眾活動和政治衝突之中，走到最前的都是那些激情感性的民眾；理性冷靜的人則都會躲到後面去，所以他們總是都避開了災難，以求站在食物鏈的頂端。

有利於大自然　就會得到獎勵

人生的坎，必然伴隨痛苦。一項猴子爭霸的研究中，發現猴王（猴群的老大），牠體內的「血清素」含量最高的，而血清素與自信心有關。當這個猴王在爭奪領袖之位時被打敗的話，其血清素含量會即時降低，心甘情願交出領袖之位後離開猴群（獅群也有類似的特性）。原猴王會出現抑鬱的

症狀，短時間內不敢去挑戰新猴王。低迷的自信隨住癒合的傷口恢復，直到可以再挑戰對手為止。

大自然之所以會這樣安排，是為了保護這猴王性命，要是牠「輸不起」、死活纏著新猴王（又打不過牠），顯然只有死路一條。可見，有利於大自然運作的行為（退出猴群）會獲得獎勵，拒絕大自然的安排（死鬥下去）就會滅亡。那麼，大自然的獎勵機制是甚麼？簡單說就是「進化」以及「有利群體」，首先講「進化」。

進化的催化劑是「痛苦」，動物就是在物競天擇中吃虧了，才在漫長的歲長淘汰掉吃虧的形態，留下更能保護自己的形態。人類也一樣，身體用痛苦的方式告訴我們必須解決當下的困難，但多數人在痛苦時會選擇逃避、不去反思，痛苦過了又把注意力放其他事情上，錯過了汲取教訓的機會。所以請把握每次失敗、每場痛苦，然後進化。

由個人放大至社會去看，可以推論：任何拒絕科技推進，希望社會永遠靜止不動的行為都會受到懲罰（很多人覺得改變是痛苦的事），因為科技發展大多數有利於人類作為「群體」的生存，讓我們在有限的時間做更多事，進化到下一階段。另外，「有利群體」的行為除了科技應用，還有一切「利他」的、以「共贏」為目標的想法和行為，長遠來說都會受到大自然獎勵。

更高層次來審視自己

想像自己是一部機器，然後區分開兩個角色，一個是設計師、另一個

是操作員；操作員只按指示操作，過程會夾雜各種情緒；但設計師就可以客觀看待「操作員」的行為，而且時刻警惕，不會完全信任它。如果發現這個人（自己）不擅長某些事，就把找合適的人找回來補足自己的空缺。

在我擔當公司的負責人時，拍檔或同事都曾指出過我欠缺長遠的發展方向。但因為我心胸狹窄，對反對意見感到抗拒而且堅持己見，而且只愛和與自己意見一致的同事協作，那段時間公司的發展就非常緩慢。後來，我從設計師的角度審視自己，終於明白自己的缺點是欠缺追求業績的動力；相反，我對細節有點吹毛求疵，更像一個工匠或藝術家的性格。

最後，我和另一位更有大局觀的拍檔交換了角色，由他執牛耳而我去在細節上協助他，公司便獲得明顯更好的發展。現在，我已明白自己的缺點，不會再做一些需要大局觀和統籌能力的工作，而只專注在協調人際關係、重表達能力或需要工匠精神的工種，「讀好書」就很適合我。在找到自己的道路中，我們都會面對很多質疑和打擊，希望你都能一起跨越這一步，誠實面對自己的缺點，然後找別人為你補位，並只做自己擅長的事，你的個人成長將會有重大突破。

很有用的小原則

保持理性、了解大自然的規律，以及用開放心態審視自己，是我們邁向成功之路上，「必然正確」的優先原則。經驗與原則其實相輔相成，接下來我在工作經驗中，得出很有用的小原則，梳理出以下幾個重點：

1.「己所不欲，勿施於人」 是與人相處的唯一鐵律，也是絕對不可能

出錯的經驗法則。為甚麼不是「你想別人怎樣對你，你就怎樣對人」或「愛人如己」？那是因為距離感不容易掌握。若以為對別人好一點，別人就會感激，但雙方距離感不和諧，也只落得適得其反。

2. **「人無遠慮，必有近憂」**，如果你在面對兩個選擇：一個短期內有利；另一個要用更長時間才看得到。絕大多數的情況下你都應該選擇後者。很多事情成功的代價正是放棄「短期利益並為更長遠的好處去考慮」，例如減肥、讀書、考資格、經營事業、愛情等等，都需要延遲享樂以爭取後來更大的回報。

3. **永遠不要相信政府和官方的話**，因為它更可能在表達「意願」，而非事實。例如政府說「現在銀行系統」很穩定，多半是市場有不穩定的風險，政府才發言穩定人心。沒有問題的事情不需要澄清；要澄清的問題多半已是危在旦夕了。

4. **人多的地方不要去**。我不是指出行的地點，而是指大部分人都在做的事。市場的共識多數已是「慢一拍」，或至少代表「轉勢」，即一個行業／某投資產品的高峰，是在市場情緒最高昂「之前」已經出現。好的機會，只有極少數人看到、捕捉到，所以成功者（或潛在成功者）必然是孤獨的。

5. **與你意見相左的人，才是對你有益的人**。每個人性格、知識、技能和觀點都完全不一樣，而且有多個不同的組合，所以和我們不同的人佔了絕大多數，那就等於擁有與我們知識、技能和觀點不同的人也佔了絕大多數。只和與自己志趣相投的人交往，肯定會變得愈來愈狹隘與封閉；相反和自己意見不合的人多磨合，過程雖然痛苦（被拒絕和否定），但這是進步所必須的。

6. **想要好成績，民主絕對是個爛方法。**看看任何一個成功的國家或企業，哪一個是由民主制度一人一票產生的？例子寥寥無幾，更多是以英明的領導帶領國家或企業成功後，才下放權力予民眾。達里歐的公司就有「棒球卡」人才管理系統，彙整所有員工在不同層面的能力值；領導層藉此判斷該員工做決策的「可信度加權」，讓他可以在自己厲害的領域中有更大決策力量。與其追求民主參與，不如仔細思考怎樣的方式才會產生了最有能力的人，並讓他們發揮最高效能的「專制」決策。

7. **面子不需要自己去拿，它總是和你的能力和成就同步。**面對意見不合時，我們需要做的不是證明自己是對的，而是盡可能吸收別人的觀點和智慧，一起弄清事情的真相。如果發現別人比自己高明，坦白承認自己的錯誤是最能保全面子的方法，也能獲得別人的尊重。

以上3個主要原則、7個次要原則，是我結合了達里歐書中所說，和我工作經驗中，錘煉出的定律，幾乎錯不了的。援引這些原則的好處是：只要它們是對的，我們就不需要再訴諸情感，而能在99%情況下都做出最合乎自己利益的決定。但我想，這個清單遠遠還未完善，因為我對世界和大自然運作的認識還只是皮毛、只是我的個人經驗而已，我相信你也能整理出自己的版本。

Every time you confront something painful, you are at a potentially important juncture in your life—you have the opportunity to choose healthy and painful truth or unhealthy but comfortable delusion.

生命中，每一次面對痛苦，正是每一次迎來大變的重要關頭——你有機會選擇大有裨益而痛苦的真相，或無益但舒適的錯覺。

——《原則》

4.3

倒數5秒，
必然行動！

《5秒法則》

　　大家身邊總有一個「遲到」朋友、一個「食極唔肥」的朋友，還有一個很懂得「走精面」的朋友。要說那三個朋友的腦袋很懶嗎？倒不是，他總是想法多多：我要這樣、我要那樣，甚至把「成功之後」的畫面提前腦補起來。不過幻想完畢，生活還是照常的過：該去玩去玩、該打牌就去打牌。年復一年，到「時間不夠」了，就把希望和抱負寄託落孩子，說自己機遇不好，這輩子就只能這樣了。

萬惡懶為首

大家身邊總有幻想「有時光機可以回到過去」的人（或者是自己），這個他說「當時應該讓自己更努力」、說「不浪費時間，現在肯定就有不一樣的人生」……我在創業的24歲，決定放棄穩定收入，把自己丟入叢林，每一刻、每個決定都是生死攸關，讓我根本沒有浪費時間的機會。6年經營著草皮生意，每天重複同樣的厭惡工作，我會「把自己的感受關掉」，因為有時候腦袋想得愈多，就愈不願意行動起來；當已成定局，進入「機器人」模式，只想有沒有接上電源就可。

一個很深刻的畫面是：清晨6點（或更早）爬起來、洗漱、把工具袋繫在腰間、戴上草帽、穿著長袖防曬衣、到達工地開工、渴了就補個水、午飯狼吞虎嚥。感受磨鈍了，甚至連內褲都濕透，但心情十分踏實，因為預期的成功到手了。所以，要培養「現在就要把事情做好」的習慣，單靠意志力是有點困難，需要有外在環境去「強迫」才行。

成功與失敗 就差那一瞬間

一個人能走到哪裡，成功或失敗，關鍵繫於一開始的一瞬間。試想想兩班長途客機，在同一地點、同時起飛，兩個機長登機、確認航線、調整好方向，大概就幾分鐘時間。16個小時後，兩班機分別抵達了南北半球。人生也是一樣，下定決心的那一瞬間，已預見了我們的目的地。一個微小改變在一開始似乎對結果沒有多大影響，但經過數年、數十年後，便足以決定一生的成就。

大腦的先天設計，並不喜歡會讓我們不舒服、害怕或困難的工作。人類祖先處身食物非常難以獲得的環境，而一用大腦，便會消耗大量的能量和卡路里，人類的先天設計是「懶惰」的，默認為「省電模式」。記得我在《原則》一節中提到痛苦是進化的必然代價嗎？若我們按「原廠設定」來生活，那麼相當容易、輕鬆，又沒有不適感 —— 換言之，拒絕進化（別想要成就甚麼偉大事業了）。

　　沒有人能準確算出生活那些小細節，有多大機會讓我們過上更有成就的人生：少吃零食、多上健身房、早睡早起、閱讀、準時上班等等。但在決定行動的那些小瞬間（Micro moment），我們總是回到大腦本能對「積極」的不適和厭惡感，於是想啊想：「今天很累了，是不是該休息一天別運動呢」、「吃零食，就吃一點點沒關係吧」、「我想專注閱讀，但先打了遊戲才能更專注」……

　　差之毫釐，謬以千里。既然知道了甚麼是正確（而不是舒服），訂好目標就該行動，別讓懶惰的腦袋參與決定。

5-4-3-2-1火箭升空！

　　那一天，美國專欄作家Mel Robbins看見火箭發射的瞬間：NASA所有人準備就緒，盯著火箭，目不轉睛的，然後倒數5秒，噴出火焰，開始升空。那5秒鐘的時間承載著研究人員多年的努力、決心和準備（想必也有不眠不休）。一切的汗水、心血轉化成實際行動，就在世人眼前，體現為另一個階段的開始。她深受感動，認為人們就是欠缺了「5秒鐘」：那種代表絕不會停下來、必然會行動的5秒，決心實踐所有的想法、目標的5秒。隨後，她寫成了改變無數人的著作《5秒法則》。

我們可以在生活中的任何事採用「5秒法則」，既然已有改變的想法，那就以一個如NASA發射火箭的儀式感，牽引出絕不妥協的必然行動：

1.) 若想改變貪睡，試試早上不按鬧鐘，意志力不交給外在的東西，而在聽到第一次響鬧時，心裡想著火箭升空的畫面：5—4—3—2—1，彈起來。

2.) 心底有個創業的計劃，一直只在腦袋模擬經營，遲遲沒有定決心實行。這時想著火箭升空的畫面：5—4—3—2—1，上網做公司登記、付款註冊，踏出第一步才有後來的很多步。

3.) 愈來愈不滿意自己的體型，下定決心今晚去跑步，下班的你同時想：「累成這樣應該沒辦法跑吧！」這時別管那些負面想法，點燃心裡火箭的引擎：5—4—3—2—1，換上運動服跑出去。

4.) 最近有種種人際關係的問題，負面的情緒佔據著心靈，感覺甚麼都辦不了。你要明白情緒是一種選擇（往後的章節會詳談這個話題），並且有能力去切換心情，這時在心裡想著火箭升空的畫面：5—4—3—2—1，調整心情，去做該做的事。

「5—4—3—2—1」，看似簡單，但效果可以巨大，在於當你倒數這5秒鐘時，就把腦袋囤積的習慣迴路（Habit loop）破壞掉，也把自我懷疑、拖延破壞掉，喚醒大腦的前額葉皮質（Prefrontal cortex，與認知活動有關，所以也與改變我們日常行為的可能性有關）。這5秒的倒數等於告訴大腦：「嘿，別再偷懶了，給我動起來！」別高估「意志力」了，身體比我們想的，需要更多的暗示才會真的行動。

我特別喜歡作者在書中那一句：「對於你沒有射出去的球，不進的機

率是100%」（You Miss 100% of the shots you don't take）。若果安於在場邊練習運球，「習慣」了留在場邊、「無所事事」，這應該算是把一個人毀了的最好方法了吧！當無所事事變成習慣，就難以提得起勁做任何事。你可別羨慕那些甚麼都不做的人，他們可過得一點都不快樂：每天玩樂耍廢難有心流的體驗、過多的休閒時間也只會讓人精神空虛提不起勁、陷入抑鬱。

凡事不要拖到明天

　　成功人士則總是精神奕奕，他們都謹記一件事，就是「把工作完成在昨天」。當我們在拖延，老是安慰自己說「還有明天」，或者在考慮「等一下一定要開始做」的時候，成功人士在昨天就完成那個工作了，共已邁向下一個目標。如果你做不到這個程度，也起碼要做到當下就行動起來。因為一個連今天都放棄的人，又怎麼有能力和資格去說「還有明天」？

I was the
problem
and in five
seconds, I
could push
myself and become
the solution.

5秒以前，我是問題所在。5秒鐘後，我
推動自己成為解決方案。

——《5秒法則》

4.4

在 AI 時代，
這是你保持
競爭力的唯一
方法！

Deep Work: Rules for Focused Success in a Distracted World

作者：Cal Newport, 2016

《深度工作力》

　　好不容易寫到第4章！寫作這個當下，我身在西貢一家酒店，四周很安靜。今天是平日，酒店房價蠻便宜的。我提早在中午12點拿到了房間，關上門便立刻拿出筆記型電腦。剛剛坐車的時候我已在盤算：今天大概有7個小時來寫這一章，順利的話，晚上7時完成並到附近走走、吃個飯、吹一下海風，然後回來潤飾，或許明天退房的時候，我把下一章也寫完！那麼付了這個房價就值得了。還有一件非常重要的事：我把手機留在家裡了。

保持離線

暫時和外間斷聯的感覺非常好。智能手機的設計師懂得吸引我們機不離手，長此下去，人類變成心智殘疾也是早晚的事。最重要的，智能手機大量新鮮、好玩、即食的資訊氾濫，人們會生出「自己一直很忙」的幻覺，不過殘酷的審視，或許我們大部分的工作，是相當淺薄的。選擇暫時和外間斷聯，我慢慢學習了擁抱無聊，心智會在無聊之中獲得釋放。腦袋不再是被動地處理湧入的資訊，而是騰出空間做深入思考。

另一邊廂，隨著ChatGPT這類型的生成式人工智慧（Generative AI）面世，平庸和淺薄的工作會被時代淘汰，特別在香港這座國際城市，我們所受到的打擊是全球最嚴重的。甚麼工種會墮入重災區？簡單的文職工作（如秘書、接線生）、部分屬高度規範化的專業（如律師、會計），以及初級的繪圖師。放眼將來，那些從事重複性高，而欠缺深度工作能力的人，恐怕連做韭菜的價值都沒有。

淺薄工作的末日

恐懼的我們，不如把重點放在「大腦」的發展，相信更具效益。首先，人工智能要連接「手腳」才能完成人類的工作，那些吃重體力又繁瑣的工作仍有大量需求，不易被取代（或取代他們的成本太高），例如地盤工人、護士、家務助理等。至於掌握與AI溝通的程式員，將會是未來新貴，另外個人品牌的擁有者也不容易被冷冰冰的AI取代。

所以，萬一你屬於「被AI取代」的工作崗位，也不代表轉行是唯一的選項（譬如行內經驗豐富的中老年），你應該專注在既有工作崗位，並達到更高的水平。例如，當一個秘書除了應付老闆的日常行程和文書任務，還會客戶保持友好的互動；當秘書成為周旋其中的「紅人」，這種水平就不是AI能「生成」的。一個專業的繪圖師，除了與AI媲美的畫技，更重要是認識市場的動態，預測、甚至鑄造潮流，更能說服客戶，這種專業性就不容易被AI取代。總之，人類始終是群體的動物，「交流」是社會核心，這正是AI最難以克服的部分。

深度工作是唯一出路

《深度工作力》由麻省理工學院博士Cal Newport發表，他認為這是人在新世代保持競爭力的唯一方法。

深度工作的定義是：是把最困難、最需要專注的工作，放在「不被打擾的時間段」，全心全意去做的過程。微軟帶領了世界的科網發展，Bill Gates歸功他每年兩次的沉思周，與外界完全斷絕往來進行的思考。《人類大歷史》的作者Yuval Noah Harari探索7萬年的歷史，總結人類的共性，寫成幾本賣出數百萬冊的巨著，他稱主要是從冥想中獲得靈感。還有此書多次援引的例子——Adam Grant，商學院教授，30歲已獲得終身教職，單在2012年已發表了7篇學術論文，這些皆是學術界極為困難的事。Grant的秘訣是把教學擠在幾個月份，其他時間段則完全斷開與外間的連接，只專注做研究。收到教授電郵回覆「外出不在辦公室」，Grant的學生明明看見教授在辦公室埋頭苦幹……

有些人達到了正常人不可攀及的高度、自我實現到極致，他們的共通點是有效的「深度工作」，將最珍貴的時間留給思考，無一例外。

在心智殘疾的世界努力

今時今日，經營一個文化知識的頻道有時令人非常沮喪，因為今日是把「時間」切得很碎而觀眾沒有甚麼耐性的年代。每集「Lorey讀好書」節目錄影以前，我興致勃勃把文稿交給團隊，心想這樣的安排能把完整又嚴謹的內容呈現。然後耳邊傳來導演的善意勸阻：「這樣鋪排的話，難以得到流量，沒有更戲劇性的說法，觀眾看不了30秒就會離開啦。」還不忘補充一句：「節目最好在15分鐘內完成，觀眾從影片縮圖看到時長20幾30分鐘，連點進來都比較困難了！」

每一回交稿、每一回納悶：從媒體製作和演算法的角度，一個直接的陳述，簡單有力，便更容易留住觀眾眼球。可是，一本書往往不止單一訊息，而是多重線索互相碰撞，碰撞到最後，也未必有定論，犧牲掉一部分的執著讓我難過，也不得不承認，很多影片只能帶出理論框架，難以帶觀眾進入更深層的討論與思考。我害怕，成為網路世界中那些質素低劣又淺薄的內容創作者。

看完了《深度工作力》後，我嘗試按作者的框架，調整了生活以提升深度工作的效能，同理引申到我的節目製作上，應該也有益於大家的工作：

1) 花一些錢來製造「沉沒成本」

以前上網，可是要付費的；現在提供免費網絡的地方到處都有，

因為我們已不是網絡世界的消費者，而是待價而沽的產品。想「斷線一下」還不是那麼容易，需要付出一些代價。去咖啡館點一杯上百元的手冲咖啡，換來2至3小時的專注工作。JK Rowling成名後，花重金住入五星級酒店的總統套房，寫下《哈利波特》的最終章。

2) 要有意識地抵抗「讚好」

那些發明了「點讚」功能的網絡工程師，都嘆息自己或許發明了一項對人類有危害的東西，因為「點讚」能蒙蔽心智。雖然「點讚」並非價值連城的獎勵，但滿足感是即時的。我有些影片獲得近3萬個點讚，當時非常開心。後來才發現，點讚數和實際成就，沒有多大關係，慢慢便能抵抗這些網絡世界的「好處」。

3) 手機的用途「只」局限在提升生活上

我的手機，除了那些真的方便了生活的工具，例如地圖、即時聯絡應用程式，以及工作需要的社群外，其他App一律都不用，更不會安裝任何遊戲在手機上以免分心。安裝前，一個很重要卻沒有問自己的問題是：這應用程或是否真的能為我改善生活？還只是好玩而已？

4) 工作以外的時間造就成就的差距

每天有24小時，8個小時來睡眠，人剩下的時間便分配在工作和工作以外。可以想像，人與人成就之差別，就在於工作以外的時間。

5) 不要成為多工派（Multi-Tasking）

年輕人近年都愛Multi-tasking，藉著智能手機和科技方便，獲得資訊那一端的工作變得很容易，所以大家都覺得自己可以同時做很多件事。那到底我們是不是真的可以Multi-tasking呢？其實可以，

只不過效能肯定比專注為低。當你一邊寫電郵、一邊聽課、一邊構思明天的簡報，其實你是在幾項工作之間不斷切換專注的對象罷了。如果專注做好一件事的成效是 1，那麼同時處理多項任務加起來的成效必然小於 1，因為每次切換，都有「注意力殘留」的代價（Attention Residue，即意識仍留在上一個任務）。

6) 大量閱讀

閱讀需要很複雜、多重的大腦活動，絕對無法分心，所以閱讀有助於建立專注力。我沒看過誰可以一邊閱讀吸收知識、一邊忙別的事情的。書中的知識和網上的知識有很大差別，因為多數網上文章礙於篇幅，都需要在短時間內吸引人注意，所以閱讀是無法由網上學習取代的。

讓自己「難以聯絡」

我的經驗是，選擇把時間放在深度工作，保持長時間的離線，並不會讓我在朋友圈中變得不受歡迎。自從變得「難以聯絡」，我與朋友交流的時間更形珍貴，每當我把工作完成出去應約，朋友反而更積極地跟我交流。請嘗試遠離分心的大多數，加入專注的少數，你將會體驗到不同的人生。

Efforts to deepen your focus will struggle if you don't simultaneously wean your mind from a dependence on distraction.

如果你不同時使心靈擺脫對分心的依賴，那麼將難於加深你的專注力。

——《深度工作力》

第五章

得捨轉念，
創造人生意義。

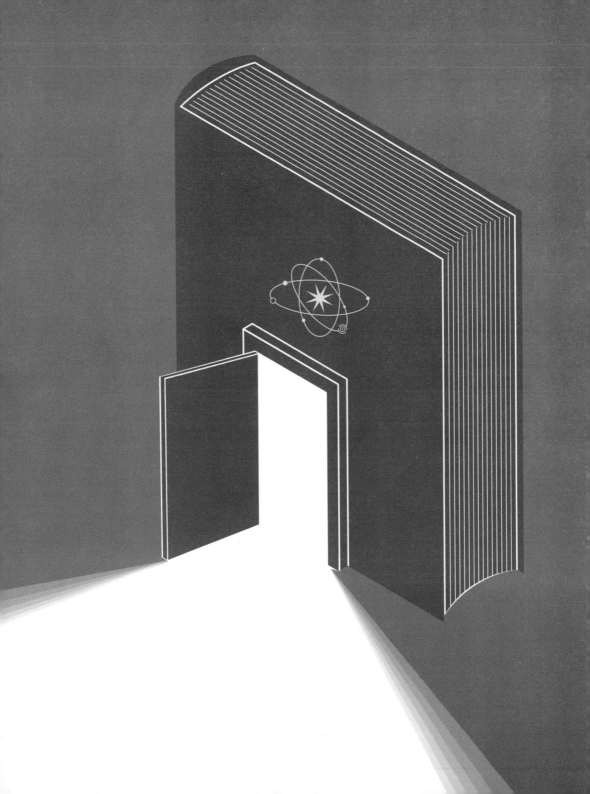

5.1

最痛不是平庸

是我忘了可以修訂

《心靈地圖》

這不是虛構故事:

精神科醫生看著他轉身的背影,是一名30多歲的年青人。小時候的他經歷父母多番食言,形成「連最親近的人都不能信任,我還能信任誰?」的想法,不願意相信任何人。這個年青人頭腦聰明,但因為在職場與任何人都處不來,沒有一個工作能做超過一年半的,自然難以升遷。他尋求醫療輔助之後,情況改善了,但他與醫生也「相處不來」,最後他得出一個結論:「醫生不願意協助我,他也是個不可信任的人」,然後轉身離開,從此沒再出現。

少數人走的路

心靈成長和物質享受是兩件事，它們並沒有正相關性。有些人或許在執著過去、或人際關係失調、或求而不得等，過得不差，但不快樂。人生很多不同困惑，我在書本之中找到答案。很多人都說要淡泊名利、視錢財如糞土才能得到心靈上的滿足，我認為這個說法太極端。人的天性就是愛慕虛榮，追逐美麗的東西；而且因為我們都是社會動物，想要重視、想要權、想要影響力，物質再優渥，還是有抽象的需求。硬要人類捨棄七情六欲，多數人都辦不到；但遏止物欲的過分膨脹，並在短暫的人生獲得自己定義的美滿，應該是每個人都能辦到。

上述年青人背對的是著名美國精神科醫生Scott Peck，他指出：多數人的天性聚焦在追求物質生活，又在生命之旅中深深感受到它的局限，發現它終究無法造就幸福。接著，把這份態度/不幸感傳給子女，如果沒有刻意的切斷，還會一直傳下去，這是「多數人走的路」；至於另一些人，留意到心靈成長對於人生圓滿之重要，並有意識地尋求精神健康，則走在一條「少數人走的路」（*The Road Less traveled*），一條「自律」的道路。

那個年青人的不快樂，在於他走在「多數人的路」，還是「少數人的路」呢？然而，「人生路」又是甚麼？

人生是一段有關「捨棄」的旅程

只要在某個階段，該捨棄的東西沒有捨棄掉，就必然會煩惱。相反，一個感到人生圓滿的人，他該是能安然在各個階段捨棄該捨棄的東西，坦

然接受人生旅途的終結。例如，在嬰兒時期，我們肚子餓就大哭，嬰兒不需要考慮父母的感受、或者他們有沒有資源，嬰兒只關注自己的感受。當嬰兒大一點，開始與外在世界互動，便需要捨棄那種「求之必得」的期待。

到了三四歲，孩子認識到自我，放棄了自己無所不能的幻覺。再長大一點，孩童明白父母親原來不屬於自己，漸漸脫離對雙親無限的依賴。

青春期，很多難題、很多標籤憑空而來，我們選擇迎合，捨棄無拘無束的自由。到了進入職場、組織家庭，我們捨棄掉年輕的撒脫與性吸引力。孩子慢慢長大，我們被動失去了對子女的權威。終於退休了，打拼得來的名利、權力漸漸褪色、然後就是健康的身體，最後則是自我意識和生命本身。

這些都是人生路上每一個理所當然的欄柵，不可能停步、逆轉，多數人卻沒有認真思考它們，自然也未能過著圓滿的人生。那麼少數人呢？他們用自律的步伐走這條路。

自律的條件一：調整苦樂順序

人類的發展方向是一個「熵增」的過程。「熵增」是一個物理學名詞，意指任何一個孤立的系統中，如果沒有外力干預，其總混亂程度只會增大。放諸生活，即任由一切自己發展，都會向混亂的方向走。

例如工作任務，人傾向先處理最容易的工作，困難的都留到後面去，讓一開始過得輕鬆，但當困難的任務一直累積，累積到一定程度就只能統統放棄。簡單就是5個字：逞一時之快。生活中的多數煩惱來自於未能正

確的調整苦樂順序。當一個人憤怒上頭的時候，他可以選擇把情緒即時發洩（樂），對生氣的對象大吼大叫；也可以選擇調換苦樂順序，先壓下情緒、思考應對的方法（苦），叫停混亂的開始。

自律的條件二：承擔責任

面對一個問題，但對於問題的解決方式，存在著偏差，把自己也變成了問題，終其一生都在為之困擾（也困擾了其他人），連原來那個問題也沒有妥善處理！這種偏差早早出現在我們的孩提時代，稱為「精神官能症」與「人格失調症」：前者傾向於把事情的責任歸咎自己；後者則傾向把責任諉過別人。觀察一個小孩，就會發現兩種傾向能同時存在。

學會承擔責任，或許要用上漫長的一生。想清楚，這樣重要的人生課題，並不在我們的教育制度之中（沒有一個課程叫「承擔責任」），所以很多人老了、閱歷多了，也未必知道承擔責任為何物，還把問題帶到下一代，「要不是因為你們，我才不會跟你們的爸（媽）結婚呢！」、「要不是為了撫養你們，我本來可以做一番大事業的」，承受這些的小孩會怎樣想？對了，他可能會以為父母所說的都是真的，接著開始怪責自己，自己出生就是錯的，自己就是父母不幸的來源……精神官能症（過分自責）的傾向。當一個人永遠用這樣的態度看待自己，他怎麼可能會感到幸福？

要斷絕兩種傾向的影響，我們需要合理地承擔責任。為甚麼心理輔導員總是相信當事人的能力、總是把處理問題的責任，交給當事人自身？在於「自律」的能力，亦即是人生的自主權。那麼到底我們該怎樣承擔責任？那就需要看看自律的第三個條件，忠於真相。

203

自律的條件三：忠於真相

　　每個人心中都有一幅地圖，關於我們對現實世界的種種看法。小時候的我們，地圖只開啟了非常小的部分，年月過去，也慢慢翻開未知的區域。但是這張地圖的繪製，並沒有客觀的標準，因為在地圖開發的過程中，每個人的經驗、知識、價值觀、信念都各有不同，所以這張「心靈地圖」的模樣也是因人而異。重點是，地圖的形態需要刻意的更新與改錯，源源不斷，否則在人生早期形成的信念就會延續到老，錯失了認識世界真相的機會。

　　當人生階段已經天翻地覆，如果還維持著上一個階段的價值觀和信念，肯定會受到現實的重重打擊。那個讓 Scott Peck 醫生心軟的年青人，只要願意忠於真相——站在客觀的角度看世界、拋棄根深柢固的觀念，因為這個觀念所形成的地圖明顯是不完整的，就等於一張資料不完備、也沒有定時更新的 Google Map，用它來導航，肯定出事。改變是痛苦的，否定自己既有的觀念也是，因為讓腦袋自動導航比較舒服，修改地圖則會耗費精力和能量。如果説忠於現實是達成心靈成長不可或缺的部份，接受心理治療可能是最違反人性的行為，因為過程中需要我們接受以前的觀念或許完全是錯，並開放自己接受別人最尖鋭的挑戰，並能走出上一個階段，重塑一個世界，盡情發揮才能。

保持平衡與中庸

　　以上種種，都攸關一個概念：「平衡」。自律需要主動的干預，但小

心過猶不及：創業至今已經15年，我的生活一直實踐非常嚴格的「先苦後甜」,「有效擺放」苦樂的順序，壓抑一切提早享樂的衝動，事業發展順利了，可是卻在生活另一個方面失衡。

幾年前，我隔了幾個月回家看一下兩老，突然發現常常笑嘻嘻的老爸頭髮都白了，媽媽腰骨沒以前那麼好，才領悟到我的人生不僅僅是有關於我自己，我的幸福還有賴於以前視之為理所當然的東西（指家人），才可以延續。雖然在個人享樂和事業取得了不錯的平衡，但代價是父母失去和我相處的時間，等於我在「該承擔責任」這個面向上有所虧欠。

所以我搬回家裡，至今一起過了差不多快一年的時光，兩老非常開心，果然，「我」對「他們的幸福人生」不可或缺。

不為了「有得」才「有捨」

本書到目前為止，所有章節都是有關「怎樣獲得？」：營商的知識和心態、世界經濟、解讀「財務自由」、人際關係，以及思考和工作能力的提升等……全是關於爭勝、贏出人生競賽的討論。甚至老一輩常勸勉我們「有捨才有得」，彷彿在表達「有得」才是我們想要的目標，而「有捨」不過是為了達到目標的手段、或條件。

當然，「入世」的想法並無不好，積極的爭勝對社會和人類發展有非常重要的意義。不過仔細想想，沒有人會永遠活下去，即沒有一場人生競賽會一直延續，我們能爭取、獲得的東西，在短暫的人生中必有其上限。成熟的人生講求的是平衡與中庸、承擔該承擔的責任，是「少數人走的路」。

我不希望因為自己的發展忽視了家裡的人，雖然錢賺少了，或者我再老一點時需要付上額外努力去補救這個選擇，但我非常樂意，這無關我自己，而是為了所愛之人。

Problems do not go away. They must be worked through or else they remain, forever a barrier to the growth and development of the spirit.

問題不會自行消失，必須經過努力克服，否則它們將永遠成為精神成長和發展的障礙。

—— 《心靈地圖》

5.2

成功面前
並非人人平等

作者：Michael J. Sandel, 2020

The Tyranny of Merit: What's Become of the Common Good?

THE TYRANNY
OF MERIT

WHAT'S BECOME OF
THE COMMON GOOD?

MICHAEL J.
SANDEL

《成功的反思》

　　每逢周末，當我跟老爸到茶樓飲茶，他總愛以往事配點心：
60年代隻身來港，9歲，無親無故，遇上剛剛發展的香港，百業待
興。老爸在大排檔做過侍應，賺那幾毛錢一天，睡在冷冷的長巷
中，後來改做麵包學徒，跟著師傅搓麵粉擠奶油，還有做過很多
雜七雜八的工作，發現都賺不到錢，最後跟「搭棚」師傅學師。那
個時候香港處處在發展基建，從外牆到冷氣工程等，都需要大量
的搭棚技工，薪水也算不差，老爸是靠這一門絕活、一身臭汗味
養起我們一家人。

當年做工程不像現在那麼「講究」，防墜設備？平安卡？地盤安全主任？統統沒有。搭棚在芸芸工程中是特別危險的。老爸說往上搭的風險都還好，「拆棚」才是真正的危險：人需要在高空棚架上倒掛（只用腳勾住上面的竹，然後拆卸下面的），只要判斷錯了拆卸的順序，整個棚架會解體，人在幾十層高空跌下肯定沒命。說到這裡，老爸把端在手中的茶一口喝完，補了一句：「這是當年香港人都擁有的獅子山精神，我們能過上小康生活，都是我們這一代人努力的成果。」老爸用命換來一家安穩，毋庸置疑，不過，近年我的內心開始挑戰這種想法。

獅子山精神與落後城市

記得一次回鄉下惠州探親，那是 2013 年，惠州仍算是三四線城市吧。看到從小玩到大的三表哥，心底裡總記著他比我年長 3 歲，比我聰慧，也比我英俊。可是，眼前表哥的發展，跟我預期的有很大落差：舅舅家裡沒有條件讓他讀大學，表哥兜兜轉轉，總在做出賣勞力的工作

不禁心想：要是來到香港的是我表哥而不是我，他肯定混得比我好。還有我一些叔叔、舅舅，他們一點不比我爸懶惰，一輩子都在鄉下種田，生活得有些吃力。如果像我爸說的：他今天的小康生活，是憑藉自己的努力，是他「應得」的話；那麼我是否可以說，這些在鄉下的叔叔、舅舅和表哥，始終辛勤耕作、靠天吃飯，也是他們「應得」的？是他們太懶惰？腦袋不夠靈活？沒上進心？還是不敢踏出一步追尋自己想要的？推而廣之，那些活在赤貧山區的小孩、那些國家內亂而流離失所的蘇丹小孩，他們的遭遇又是否「應得」？可憐人真的必有可恨之處？還是真的有單純只是運氣不好的可憐人？

弱者可以釋懷的世界

曾膺普立茲獎的歷史巨著《槍炮、病菌與鋼鐵：人類社會的命運》（*Guns, Germs, and Steel: The Fates of Human Societies*, Jared Mason Diamond, 1997）中提出驚人的「州際差異理論」：族群（及至國家）的強弱，可追溯到他們各自先民和部落的活動範圍，即早在遠古時代已決定了。例如歐亞大陸的軸線是東西向（可簡單理解為橫向，在地圖看來肥又扁平），溫差較小，農作物與牲口易於由一端遷往另一端，尤其西亞至北非的地中海沿岸，稱為「新月沃土」（Fertile Crescent）的一帶，冬天溫和潮濕，而夏天漫長炎熱又乾燥，極為適合穀物和豆類快速生長。

相反，澳洲、非洲和美洲的國土是南北走向的（縱向、在地圖看來長而偏窄），且橫跨多個緯度，溫差就很大，不利於部落遷徙和耕種。如果兩個群族各自在其領地生活上一萬年，科技水平可料是天淵之別：歐亞大陸因為糧食豐富，可以養活更多的人口，有餘力馴養大型哺乳類動物，例如牛、馬，大大提升產能。閒置的生產力孕育不同工種：工匠、發明家、軍人、政府官員等等，也形成了城邦和帝國等形態。

歐亞大陸的人口增長，引爆持續向外擴張的需要。這時橫渡至非洲和美洲，遇上過著採集狩獵的部落。他們從來沒有儲備糧食的條件，一萬年來沒有改變，當然也沒有獸力與對科技的追求。面對歐亞大陸的槍炮和病毒，如何競爭？

所以，哥倫布從歐洲出發，踏上美洲，並對當地的原住民展開瘋狂的屠殺和殖民，可不是歷史的「偶然事件」。就算歷史重演多少次，結果也必定一樣。就算不是哥倫布，也會是其他歐洲人領導入侵。即便澳洲土著和

美洲原住民在先天智能上，並不比歐洲人遜色，但侵略者與被侵略的不可能調轉過來。畢竟，命運早在一萬年前就已經決定了。

如果大至部落、民族或國家之發展，都有這樣的「運氣」成分，那麼小至個人的發展和成就，又有甚麼是我們「應得」的？

才德至上的暴政

哈佛「正義」課堂席捲全球三載後的2012年，政治哲學學者Michael Sandel到廈門大學演講時，他吃了一驚：當時大陸有年輕人為了買蘋果手機而賣腎，教授問在場同學的看法。不少學生認為只要是雙方自願的交易就沒問題（算是「自由放任主義」的觀點）。同場另有反駁聲音：「富人為了活久一點向窮人買腎，屬於脅迫，是不義之舉。」隨即有學生冷冷回應：「有錢人靠自己獲得財富，表示他們有才能，理當活久一點。」

這場討論讓Sandel反思，當時世界正值新自由主義的風潮，也處於中國改革開放、轉向市場經濟的階段。市場經濟主流原則是：「只要市場是在機會平等的公平制度下運作，人人都會得到其所應得的報償」。擁抱這種思維的學生，便以「結果論」回推個人的成就與其所付出的關係：成功的人得到優厚資源是理所當然的，甚至更有資格活久一點；而失敗的輸家則理應受苦和貧窮，要賣腎也是活該。」Sandel將此經歷寫入《成功的反思》，由2012年到本書初版的2020年，再到今天，社會中多少人還抱持這種「才德至上」（Meritocracy）的觀念？

The meritocratic ideal that social rewards should track ability and effort is compelling, but it carries a dark side that we ignore at our peril: it generates hubris among the successful and humiliation among the excluded.

應得與努力相符的社會回報之精英主義理想，非常有說服力，但它也帶有不容忽視的黑暗面：它令成功者變得傲慢，令被排斥者愈加屈辱。

——《成功的反思》

傷痕累累的「贏家」

　　和美國不遑多讓，香港應該是一眾「才德至上」的社會中，最嚴重的一個了吧！香港有所謂的「一鋪養三代」，指上一代有買下物業資產的話，錢會自動跟著跑，保證「三代人」生活無憂。在完全信奉自由經濟、市場競爭而對「成功」的想像比較狹隘，「成功」的唯一準則就是擠入財富的窄門。而成功爬上去的，大多都是歷盡艱苦、傷痕累累的贏家。

　　對年輕人來說，香港是「文憑主義」盛行的城市，父母對於孩子的「起跑線」異常重視，幻想大學文憑就是向上流動、獲得市場價值及自尊的敲門磚，遂讓孩子從小學就爭奪名校的學位。若果把這份偏執推到極致，使孩子在成長的過程中，學業成績是其「好壞」的唯一標準，讓孩子置身在激烈的競爭氣氛，孩子都把同輩視為對手或敵人，儼然非要把同輩的「對手」踩到腳下不可，家長亦樂見其成。孩子長大後，在痛苦中爬上來，為這份痛苦「合理化」，便認為自己的成就是理所當然，而且怎樣也補償不到自己當年受過的苦。他們難以同情失敗者，鄙視其不努力，從而更加強了「精英傲慢」和對社會的冷漠。

認識幸運並心存感恩

　　這些年，我常因人情冷暖而心生厭惡。記得自己還在做地盤時，聽過擦身而過的媽媽跟孩子說「看看那個大叔，讀不成書就要做低下階層啦」，把我工作身分延伸到我之為人的尊嚴上。我能對這些貶損不以為然（甚至反思），在於我出生在完全不注重才德至上或文憑主義的家庭，父母任由

213

任由我享受孩子應有的童年。長大之後，我也「子承父業」，從事一點也不高貴的地盤工作，每天撿泥巴狗屎的，和建築工人、清潔大姐混在一起。相對於商場上的爾虞我詐，我覺得工地的人還更淳樸：工地大叔大多人都很好，頂多是偶爾爆兩句粗，但願意指導年輕的後輩，也常常在別人有需要時拿著工具來施以援手。阿姐們休息時常圍在一起閒話家常，我常參加她們的話題，兼分得幾片剛剝好的橘子。聊不了幾句，著襯衫的地盤工程經理來到便著大家開工，然後工友又各自散去。

我對於生命中出現的一切都心存感激，也清楚明白我得到的小成就，它並不全仗於我，而是由一系列的因緣際會所組成。單單能生活在香港這個發達城市，已比很多第三世界的人民來得幸運。所以，溫飽既然無虞，我選擇了全心全意投身公民教育和知識傳播的工作之中，盡管這不能為我帶來巨大財富。推而廣之，當社會上所有成功的人，都不視之為自己所應得；處於弱勢的人，亦昂首闊步、不認為自己之遭遇為活該，「才德傲慢」的風氣就會被洗去。雖然在自由市場下，所得分配並不會有重大改變，但起碼能重建社會整體的工作尊嚴、提升憂戚與共感、並減低民粹衝擊社會的可能。

想到這裡，茶也喝完了。我跟一臉自滿的老爸說：「老爸您那麼厲害，那您去結帳買單吧，我沒錢了。」他點點頭得意的去了。

5.3

作者：Michael Sandel, 2008

Justice: What's the Right Thing to Do?

「做對的事」
一場沒有終點的思考

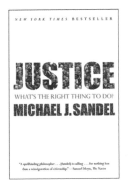

《正義——一場思辨之旅》

　　「做對的事」，經常是英雄與反派終極對決以前、向愛人告別、重申抱負的對白，社會與歷史可不像電影那般「黑白分明」，到底甚麼是對，好像沒有一個客觀標準。要是向自己內心深處尋找，或訴諸於自己的經驗、直覺，那肯定會局限於我們的見識以及知識基礎，變成每個人都有其「正義」的定義，自己認為是「對的選擇」，這幾年的動盪，讓我重新思考一個問題：正義和公義是否具有客觀的標準？

分崩離析的香港

2019年的反修例爭議餘波至今未平，那時我製作了一集閱讀整理節目，談到《注定一戰？中美能否避免修昔底德陷阱》(*Destined for War: Can America and China Escape Thucydides's Trap?*, 2017) 的作者 Graham Allison 認為中美之爭是不可避免的，並預示了雙方的勝負走向等。我也闡述了個人看法，鼓勵觀眾以包容和理性的態度看兩國之文化差異。節目播出沒多久，我收到多年沒聯絡的大學同學的訊息：「我沒想到你會為習近平洗白，以你為恥！」隨封鎖我。我很納悶：既説「洗白」，那該有「黑」為前提，那到底是甚麼呢？我來不及問他、他也沒有要跟我討論的意思。泛政治化、格式化、立場先行、對時局和歷史片面的認知，卻又無限訴諸激情的宣泄，遍及了香港，乃至全世界。

千古難題

行惡與道德反省，似乎是本質上相悖的。古往今來，大奸大惡的人，用不同理由為自己申辯和包裝：例如在一次大戰後，德國面對極嚴酷的戰敗懲罰，急於尋找代罪羔羊。戰時軍方高層魯登道夫將軍 (Erich Von Ludendorff) 指出：德軍之所以戰敗，是因為大後方有人在背後捅刀（暗指國內的猶太人），這個陰謀論流傳極廣。其後更由希特勒發酵成為納粹黨的官方態度，儼然成為施行種族滅絕的理論根基。這些現在看起毫無道理的事，卻是二戰前德國的社會共識，不少人更認為，把國內的「害蟲」消滅是正義之舉。激烈的對抗，往往在於雙方都堅定不移地認為自己是「正義之師」，一旦形成了這種想法，所有討論再無必要，甚至「對著和我立場不同的人不用講甚麼道義」。可見，誤解了正義，就是社會分裂的關鍵。

我們應該愛國嗎？

愛國主義主張以奉獻和犧牲人個人利益的行為，表達對國家的忠誠與熱情。給「愛國主義」下定義並不容易，對象究竟是甚麼？怎麼愛？如何區分地理要素與文化要素？「愛國是否符合正義」這個論題，十分複雜：

1.) 最大幸福原則 —— 功利主義

在18世紀英國反對君主專制的哲學家邊沁（Jeremy Bentham），他提出的「功利主義」，指道德的最高原則就是追求效益的最大化，即最多的人能得到最大程度的的快樂或幸福，並最少痛苦或折磨。所以愛國與否，取決於「愛國所能帶來的好處」；愛國自身並沒有內在價值，而愛國是感情上凝聚一個群族的力量，以獲得更大的生存空間。如果愛國能帶來較高的個人或整體效益，那麼愛國就是正義的，反之亦然。

放入現實脈絡，假若一個企業家擔心社會運動風氣持續，會影響其生意，所以選擇愛國的一邊，希望政府打壓異見人士，讓社會回復平靜，他的愛國便是基於功利主義的考慮；至於「革命派」認為把政權推翻了，對自身利益或社會整體效益將會更好，那麼他就是一個功利主義者。

2.) 個人權利不容侵犯 —— 自由（放任）主義

自由主義或自由放任主義，始於1980年代，本來並非判斷行為正當性的道德原則。但當時的世界霸主——美國——冀以其資本與金融力量統治世界，所以發動了「新自由主義」的經濟模式：「市場經濟」、「自由貿易」等都是新自由主義框架下的概念。自此，反對

貿易壁壘和關稅等經濟措施，慢慢延伸到社會和個人層面上。人們更積極反對政府管制、主張個人自由不容侵犯、私有財產制等權利，同時也會應尊重別人享有同等的權利。

在自由主義的框架下，人們應否愛國，取決於國家有沒有最大程度上尊重「個人自由」：任何政府干預個人的行為、限制言論自由、出版自由等，都違反了自由主義的精神。近數十年，在美國主導的國際體系下，自由主義就是「普世價值」，採用專制或中央集權式的國家和政權，自然受到道德貶抑。

3.) 愛國的義務 —— 康德式

愛國的另一種形式，是把愛國視作「義務」，每個人都應該自律地執行。這種想法源自於哲學巨擘、德國哲學家康德（Immanuel Kant），他主張人作為理性的個體，本身就應當獲得尊嚴和尊重，把道德奠基在利益與偏好上只會摧毀道德的尊嚴。人不懂辨別對錯，只更精於算計。舉個例子：商店老闆遇到一個沒經驗的顧客，老闆可以藉機抬高價格，客人也不會知道。但是老闆考慮到，如果消息傳了出去，生意就不用做了，決定還是正常收費。「因為不想影響生意，所以老實經營」的思維是「假言律令」（Hypothetical Imperatives，行善只是手段），不符合康德式的正義；而如果老闆認為「誠實做生意才合乎道德」，這便是一種「定言律令」（Categorical Imperatives），符合康德式的正義。兩者結果並無分別（不多收金錢），但動機是不同的。採取義務論精神的愛國主義者，認為愛國本身就符合正義和道德，愛國行為不需要任何理由解釋，這類人非常反對「有好處就愛；沒有就不愛」的功利主義者。

The mere fact that a group of people in the past agreed to a constitution is not enough to make that constitution just.

過去一群人同意憲法，這一事實不足以使憲法公正。

——《正義——一場思辨之旅》

4.) 目的論 —— 國家形成的「目的」是甚麼？

我們也可以採用阿里士多德(Aristotle，古希臘哲學家)的「目的論」（Teleology），從本質上探究一件事的目的，去判斷該行為的道德正確性。有關愛國的討論，目的論者的思考重點是：「國家建立的目的是甚麼？」譬如說：A地區在一統的國家建立前，由零散的部落生活在各自的據點，一名部落首領號召了所有人聚集並成立國家，（目的是）協調A地區所有人力，讓大家過上更好的生活。

當A國家成立後，它到底有沒有讓人民過上更好的生活呢？如果有，那就是符合這個國家成立的「目的」，人民愛國就有正當的理由，也符合「目的論」的正義原則；相反，國家成立後，領袖變得腐敗濫權，人的生活比原來的分散部落更差，愛國便不合乎「目的論」的正義原則，因為現在國家已違背了原來成立之目的。

除了「目的」，阿里士多德的正義原則也講求「榮譽性」：如果A國家成立後，人民雖過上更好的生活（滿足了目的），但建基於奴役了部分人民，或通過傷害其他部落的方式（例如國王非常好戰，到處殺戮搶掠），那麼它便不具有榮譽性，這時單單因為「我能過上更好生活」剝削其他國族的人民，漠視造成的傷害，就不合乎「目的論」的正義原則。

5.) 道德個人主義 —— 愛國與否看誰而定

近代蘇格蘭哲學家麥金太爾（Alasdair Macintyre），認為我們都是「敘事的個體」（Narrative Self），都是特定社會身分的承載者——某人的兒子和女兒、某座城市的市民、服膺某個宗族、某個國家的人民，這構成了我們的「道德起點」（Moral particularity）。因為

每個人的道德起點都不同，所以一項行為是否正義，都是因人而異，沒有普遍的標準。這種想法被稱為「道德個人主義」。

對於道德個人主義者來說，愛不愛國視乎「我經歷過甚麼？」如果一個人自小在外國長大，接受外國的文化和教育，他對護照上的國籍，以至宗族，完全沒有認知和感情連繫，那麼他便沒有愛國的理由；反之，一個人出生在自己的國家，或歷盡了國家和民族的苦難，那麼在他的「敘事」便和國家密不可分，會有濃厚的愛國情懷就十分正常。

妥協與磨合的過程　就是正義本身

幻想一下，在香港，有兩個人相遇，並討論到愛國的問題：甲君採用康德式的正義原則，視愛國為一種無條件的義務，乙君則是一名道德個人主義者，他從小就在外國長大、接受教育，對香港沒有歸屬感，只是因經商原因而回來，二人爭辯激烈。那麼到底誰是正義、而誰不是？似乎難以說清，因為兩人的選擇合乎各自的正義原則。

上述 5 個學說的主張各有不同，但它們都有道德上的不足，也可被對方補充。然而世界上的道德爭議，並不只有「我們應該愛國嗎？」，還有諸如「政府應撤銷綜緩嗎？」、「應該給予無家者庇護嗎？」、「應該接受鄰國的難民嗎？」、「墮胎合乎道德嗎？」、「安樂死應該合法化嗎？」、「死刑應被廢除嗎？」……數之不盡。

我們身處於多元的社會之中，無人能完全擺脫其所處的社會及歷史角色。對於「何謂正義？」，我們始終不會有絕對的標準。但在討論和思辨的過程，我們每一次自我懷疑、或自己的想法被推翻時，那些不安與不適感都是有益的。人生漫漫，如果因為這些複雜又互相矛盾哲學理論，令我們對於正義的想法左右為難，不知道怎做決定的話，持有不同立場的人距離就拉近了，我們離良善的公民社會也更進一步。這正是《正義》這一堂課、教授Michael Sandel給予我們的人生道理。

　　最後，你認為在世界的撕裂中，哪一方才是「正義」的呢？

5.4 為自己創造意義
不受過去支配

《被討厭的勇氣》

《被討厭的勇氣：自我啟發之父「阿德勒」的教導》
作者：岸見一郎、古賀史健，2013年

調查顯示，生活在發達都市的現代人，平均壽命大概75至80歲。人到中年，與以前的同窗好友聚會，都會談到一些頗有深意的人生終極問題，例如「人生最終目的是甚麼？」。大家答案都不同：「我想要賺5千萬然後退休」、「我想要把兩個孩子趕緊養大」、「我想要在海邊開一家咖啡店」、「我想要爬過誰誰的頭上，不用再看他臉色」、「我想要成立一家環保公司造福社會」……我說：「我想要獲得幸福」，答案比較籠統。

任何人都能獲得幸福？

先別取笑我說了等於沒說，這答案還是經過深思熟慮的。念哲學時，我讀過古希臘哲學家亞里士多德的《尼各馬可倫理學》（*Nikomachische Ethik*），其中有一個概念叫做eudaimonia，這個希臘古字意涵很大，中文書一般稱之為「幸福」。Eudaimonia意指「所有人都努力追求的人生終極目標」。有些欲望，看清了它們只是手段，用來達成其他的目標。不管是「5千萬」、「孩子長大」、「咖啡店」，都是為了「更高層次」的追求。如果問那些老同學，賺5千萬是為了甚麼？答案可能是「買一棟別墅」；別墅又為了甚麼？是為了提供家人舒適的生活空間；舒適的生活空間是為了甚麼？是為了表達對家人的愛；那麼好的家庭關係是為了甚麼？它讓人感到幸福。問到這裡，似乎就無法再問下去，因為幸福就是追求的「目的本身」。

那麼幸福感要怎樣達成？得看我們屬於「外求」還是「內求」。「外求」的話，我們大概要經歷上面那個「賺5千萬」的過程，那麼相信絕大多數人都不能獲得幸福；但如果是「內求」，幸福就簡單得多：心理學三巨頭之一，奧地利心理學家阿德勒（Alfred Adler，1870-1937）認為：「人人都能幸福，問題不在於世界是怎樣，而在於你是怎樣。」阿德勒的看法，成為諸多後起正向心理學的根基，包括岸見一郎及古賀史健所著 ——《被討厭的勇氣》——

「幸福並不由外在環境決定，而在於我們的「選擇」，每個人都能選擇過得幸福。」

幸福的關鍵一：回應負面情緒

我們家算是一個父權社會，父親脾氣火爆，我哥自小就「拳頭當飯吃」、我媽也沒少挨罵，可我從來沒有挨過我爸脾氣全因為我自小羸弱，而且一罵就哭，然後一天不吃飯、不說話，所以我爸總嘮叨「每天一哭，像個女人」，但基本不會來惹我。所以，我總是家裡一場場衝突的旁觀者。

有次，我觀察到一個非常有趣的現象：明明父親是在怒不可遏的情緒中修理哥哥，兇得要把他打死似的；但一轉頭，可以平靜又相對溫柔地跟我說：「家偉，你功課做了沒有？」，然後我小心翼翼的走去拿功課，爸爸又「切換」回到揍人模式，繼續招呼哥哥。靈動一動，我心裡有個疑問：到底爸爸是真的情緒失控了，還是他只是「選擇」生氣？他是控制不了情緒而爆發衝突，還是他先有衝突這個「目的」，才決定讓情緒失控？從和我爸那種自由切換的能力看來，我知道答案是後者。

如果回應情緒的權力在我們手中，那麼，不管產生了怎樣的情緒，我們都可以選擇應對的方式：用負面態度應對的人，本身就是「想要」負面的結果；感到幸福的人，必定是先「選擇」了幸福。

幸福的關鍵二：擺脫「命運」之操弄

既然回應情緒的權力在我們手中，可能回應「自我」的權力也如是。就如我們在《心靈地圖》一節，轉身離開 Scott Peck 醫生的那名 30 多歲病人。我們試想，你讓他嘗試相信別人，他會跟你說：「我沒有辦法，因為我曾經被父母背叛，所以我只能對人處處防範」。這與現代精神分析學奠基人佛洛

伊德（Sigmund Freud, 1856-1939）提出的「決定論」，有「殊途同歸」的氣味。佛洛伊德指出「心理創傷」是造成一個人不幸的原因，然而同時代的阿德勒堅定否定心理創傷的存在，並相信決定自我的不是「經驗本身」，而是「賦予經驗的意義」。沒有甚麼過去的經驗可以「造成」一個人今天的行為，只有他的「目的」才可以。

　　那等於說，上述的病人之所以選擇不相信別人，其實源於他「想要」這樣的結果，結果，他成功達到自己想要的「目的」。但若能轉變念頭，嘗試打開心扉接受別人並建立有意義的關係，他們的命運肯定就能改變。要採用佛洛伊德的「決定論」—— 總認為自己是生命中的受害者，怪原生家庭、怪以前對自己不好的人、然後證明自己過得不好是合理的。相反，採用阿德勒的目標取向，認清人生總是會發生讓我們不如意的事，接受它並勇於承擔改變想法的責任，這都是我們自己的決定。再回顧 *Think Again* 一節中的這張圖，「以前的我」和「今天的我」是絕對可以分割的，阿德勒可不認同所謂的「命運操弄」。

圖 5.1：思考與以前的我的關係

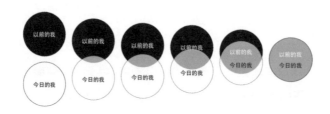

資料來源：《逆思維》

有人討厭你，正是你行使自由、依照自己的生活方針過日子的標記。

——《被討厭的勇氣》

幸福的關鍵三：與他人建立夥伴而非競爭關係

又是一場舊友聚會。與從前是校園風頭躉的男同學聊開，他知道我做起了生意且成績不錯，言語間的酸溜溜，「不看好我這生意」之類的惡意撲面而來。那倒可以理解，以前在各方面都比不上他的老同學，現在過得比自己更好，「看不得別人好」的劣根性，每個人都或多或少有。「口出惡言」這回事，其實是把自己的快樂建築在別人的痛苦身上，也是反映我們每個人都有深深的自卑感。「Lorey讀好書」分享閱讀的影片底下，也有不少惡意留言，這些人大多沒有客觀討論的意思，而是要在一個毫不重要的「戰場」上壓過你，來表現自己的優越。對於這些攻擊，我總想起一位前輩的一句話：「失敗者才會互相憎恨，成功的人都懂互相欣賞。」

阿德勒認為，人類只不過是在平坦的地面上「一起走」，有人行得慢點，有人則是跨步、向前跳躍。但人生的競賽不是要勝過他人，只需向「理想中的自己」進發就好。如果時刻想贏過別人，就會不知不覺中視其他人為「敵人」。你今天「贏了」，別人不會乖乖認輸，權力鬥爭會進入下一階段，那就是等待別人的報復。嘗到「勝利」滋味的人為了不斷贏下去，就會繼續製造新的敵人，這樣的世界自然是草木皆兵、危機四伏。相反，若你把別人都當作「夥伴」看待，見到夥伴的成功自然也不會妒忌，因為他也能成為你人生的助力。

「九一主義」

中文大學哲學系的李天命老師有一個著名的「九一主義」，來自於他曾

經考到第九的經驗：他認為「我考了第九，固然就沒有別人的第一，但是別人也沒有我的第九」，大意是每個人都有自己的定位，誰也不必羨慕誰。

這個人生哲理激勵了我很多，因為我從小就沒有獲得較多的關注，當然也從沒做過贏家，自然沒有條件成為一個好勝的人，而心生妒忌，這應該算是「輸家」的意外收穫。也拜它所賜，我一直認為別人比我優秀，或能做到自己辦不到的事是正常不過的。這有助於長大以後，我不妒忌別人，而只想拉攏所有認識的人成為「夥伴」。在BNI商會中，看到形形色色厲害的生意人，我敞開心扉、快速的和他們打成一片。商會的前輩好友在我創業的旅途中，給予很多的支援。

這種安於做第九的「輸家精神」，並非阿Q或自卑的表現。反而讓我充滿自信，認為每個人都是獨一無二的。有人年少得志，有人大器晚成，每個人都是獨立的個體，有自己的發展時區，何必比較？沒有比較心的人，行為便不帶肆意攻擊的感覺，也更願意於讚美別人、表達由衷的欣賞和敬佩。這樣的態度，副產品便是有助於快速擴展人脈。

我也從不跟隨社會的約定俗成生活，不走別人走過的路，因為人生是自己的，為自己負責就好。我不干擾別人的價值觀和處事方法，也不讓別人干預我的。從小到大，父母的意見我會聽，但仍篤信自己的一套，這也算是一份「被討厭的勇氣」，由此努力在「事成」後證明給他們看「我做對了」。所以，我最後有了自己的事業，也有了「Lorey讀好書」。如果要給予家長們一個教育孩子的建議：我會提醒你們千萬別把小孩拉進殘忍的競技場，因為就算勝利了，他們也不會幸福。你需要做的，只是給他足夠的愛與支援，在他走偏的時候適當引導。相信我，孩子最終都會走向「自立」，而他們的成就，必定是你現在無法預見的。

5.5

人性中溫暖那面
來之不易

作者：Geshe Michael Roach, 2013

The Karma of Love : 100 Answers for Your Relationship, from the Ancient Wisdom of Tibet

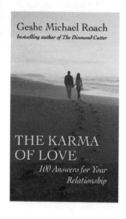

《愛的業力法則》

最後一章，我想以探討「生命的意義」作結，因為它指導了我至今的人生方向。

小時候，我曾做了個很逼真的夢：我死了。畫面之清晰（至今仍然記得），使10歲不到的小孩子覺得這是「神」給我的訊息（孩子哪會思考夢的意義，老實說現在也搞不懂）。當時我確信自己將不久於人世，這事也要保密，所以不敢告訴家人。我會在與他們相處時，默默在心中道別，然後因為不捨就哭了起來，他們都不知道我為甚麼不開心。後來很多個晚上，我都會趁哥哥熟睡，在

碌架床的下層爬起來，看著夜深人靜的山景陷入沉思：「死後會是怎樣的呢？」、「我會感到有人抬著我冷冰冰又不會動的身體嗎？」、「死後我的意識還會在嗎？會在哪裡？」很多小孩都像我這樣愛胡思亂想，只是我持續的時間比較久而已。兩三年後，因為還死不了，又到上中學的年紀，我姑且相信自己暫時還不會死，乖乖上學去了。

生命意義的追尋

　　把死後世界的問題擱到上大學時，它才重新佔據了我的思緒。哲學這門學科，總是孜孜不倦在探尋生命的終極意義。科學家則嘗試證明，生命的出現不過是因緣際會下的偶然，或許人類只是來看看這美麗的世界，死後就是一切的終結，塵歸塵、土歸土。我並不這樣覺得，經過長時間的思考，也有了自己的結論：用永恆的宇宙角度來看，不管誰做了甚麼好事或壞事，都是微不足道，毫無意義可言。所以，我更願意相信死後世界存在，而人的主觀意識或靈魂，和肉體是可以分開的。

　　誠然，死後世界存在與否，不會因為我的主觀意願有所改變，我們需要更理性和合乎邏輯的論證：大學一年級，我在李天命先生的邏輯課，和他討論這個問題：李先生認為押注「有」（死後世界）的贏面是比較大的，原因是「沒有」的形式就只有一種，那就是一切的終結；「有」的話則有無數的可能：基督教的天堂地獄、佛教的極樂世界、四維空間、或像Matrix一樣——心智和肉體分離的世界等等。所以，相信死後是「有的」（不管以怎樣的形式），應為比較理性的選擇。

死亡不是終結？

　　這個答案給了我不少安慰，也第一次「安頓」了我對生命無常和死亡的恐懼。更重要的是，相信死後是「有的」，可以指導我的生活原則，讓我心存善意，對行惡之事有所畏懼。後來，我在生活中亦屢次接觸到超出物質世界的存在，加深了我的信念：在基督的信仰中，聽到不同神蹟的奇妙見證，更讓我對神的存在深信不疑（雖然我不確定基督教義中的神是否唯一）。有沒有可能，正如以前的人以為「下雨就是神蹟」一樣，今天種種所謂「超自然現象」也不過是科學證明上暫時的瓶頸？但既然如此，我們更不應斷言現有的科學水平足以解答諸如「上帝是否存在？」、「死亡是否一切的終結？」等終極問題。所以，正如李天命老師所說，保持開放態度更為務實。

有所敬畏的人生

　　如果生命只限於物質世界的一切，我們的倫理觀將走向功利主義，追求個人（或整體）效益的「最大化」：例如只要沒人看見，做壞事都沒問題（反正不會有報應）；死前把積蓄花光光，「因為那是我應得的」。這樣的世界會不會有點可怕？良善、美德與無私奉獻等價值也難以推廣。相反，如相信靈魂不滅，我們便要找出超越功利主義的倫理原則，以務求在另一個世界「活下去」。假設你沒有任何宗教信仰，又相信死後審判是存在的話，你認為審判的標準最有可能是甚麼？我傾向佛教所說的業報與因果。

在西藏潛修佛法20多年美國僧人麥可・羅區格西（Geshe Michael Roach，「格西」是藏傳佛教格魯派對長期修學的人的認授），他在傳教途上，有天遇到一名亞洲女孩前來請益，她是小安。小安工作出色、生活無憂，但是，小安沒有伴侶，嘆息自己雖然廚藝很好卻沒有人欣賞。所以，她問大師哪裡可以找到她的真命天子，該用交友程式，或是去舞蹈俱樂部找？大師跟她說：「去老人院吧。」小安聽糊塗了，她說：「大師您不懂，我想要的是年輕力壯的男朋友。」大師回說：「不是我不懂，是妳不懂，妳為甚麼需要找一個男朋友？」小安說她想要一個愛她的人的陪伴。大師表示這就是她該去老人院的理由，因為那裡是「最需要陪伴」的地方：小安想獲得陪伴，就需要先給予陪伴，她應該探訪一個孤獨老人，好好陪他聊天、聽聽他說話。她不需要每天去，但每次去的時候，都應該專心的陪著他、送他一束花或請他吃東西，這樣就會種下一顆「業力種子」。

善種子

這顆種子會成熟、迸裂，然後發芽，最終回到小安身上。小安雖感困惑：明明自己應該把握時間去找伴侶，大師卻讓她去當「社工」，但她還是聽了大師的話去做。幾個月後，小安在瑜伽課堂邂逅了一個很優秀的男生，仿佛衝著她而來似的。沒多久，他們開始交往。6個月後，麥可主持了他們的婚禮。這個故事收錄在他的著作《愛的業力法則》。

本書提到「金剛業力法則」，意思是：我們想要獲得甚麼，那就給予甚麼。如果我在《原則》一節中說「己所不欲，勿施予人」，是避免對別人造成傷害的白銀法則；那麼「己所欲，施予人」，則為更精進的黃金法則，

讓我們保證心想事成。不過，根據《愛的業力法則》，「己所欲，施予人」的操作並沒有那麼簡單，不是指你想要巧克力，就先把巧克力送人，因為不是每個人都喜歡巧克力。如果硬把別人不需要東西送給人，就是適得其反。所以我們都需要先找出自己想要的東西，是來源於哪一顆「種子」？

心想事成之法

種瓜得瓜，種豆得豆，蘋果的種子不會長出香蕉樹。以小安的例子來說，她雖然想要得到的一個男朋友，但究其原因，是因為她需要「陪伴」。所以，現在她需要種一顆陪伴的種子。讀者可能會問，那為甚麼是老人院？小安去找她的閨密喝個下午茶，不也是種了一顆陪伴種子嗎？而且跟閨密待在一起應該比和老人院的長者有趣吧？格西指出，這樣做等於把種子丟在膠地板上種，是無法長出果的。因為閨密本來就不是急需陪伴的人，或者那些我們本來就必須要去幫助的人：例如發薪水給我們的老闆，協助他們的種子力量就很小。相反，小安選擇把自己的時間用在亟需陪伴的孤苦老人，這樣就等於把種子種在肥沃的土壤上，種子成長就會更快。

找到了合適的土壤，便來到「金剛法則」的最重要的一步：栽種。要解釋如何栽種，先要了解在這個法則之中，我們所面對有關外在世界的一切，都來自於自己，那就是我們每分秒、每個瞬間都在萌生的意念，它就像個種子的大鍋爐。這些意念有好的，有壞的。如希望得到善的回報，便需「自覺地種下善因」。以小安的例子來說，當她找了一個需要人陪伴的老人，並與對方共度一個愉快的午後，小安已種下了善的種子。接下來，她需要有意識地追蹤這個善行：例如在睡覺前禪修 —— 看著天花板，回想

今天為了老人做過的事，並真心的祈求老人因為這個陪伴而獲得快樂和溫暖。這樣做就等於在「施予陪伴」的種子上澆水，它會在心識（佛教語，各派的指涉不一，但可簡單理解為「心志」）快速成長，讓「陪伴」的果實跌落小安身上。

以前一直覺得，我們只需要在生活中盡量做好事就可以了，不需要那麼刻意的禪修，弄得很儀式感似的。然而，我終於了解到人類天性都傾向於產生壞的想法，例如憎人富貴厭人貧、幸災樂禍、妒忌等等。這些種子不斷成長，並構成了我們看待世界的視野。惡念可能比惡行沒有好多少，尤其「hater」文化，以佛教的角度來說，動了惡念已經為日後的災難播下種子，當惡的種子成熟，自當承受惡果。自從認識業力法則後，我也有意識地栽種種子，而且也按格西之指示，刻意在意識中追蹤自己善的想法，以抑制日常產生的惡念。

我的體會是：當你很樂觀和正面，把生命中的一切視作朋友，周遭的世界自然會變好；相反，如果每天在負能量、咒罵和抱怨中生活，周遭的環境也不會好到哪裡去。「金剛法則」的重點是；我們不需要改變別人，一切都來源於我們自身。

永遠在下墜的飛機

最後，以書中一個發人深省的故事作為本書的總結：格西在年輕時，乘搭由鳳凰城到華盛頓的航班，由於飛機的起落架出了問題，飛機無法成功降落。機長決定空中繞圈，嘗試把燃油耗光，這樣萬一降落不順利，都能盡量減低傷亡。這時，飛機上沉默蔓延，每個乘客都在想像最壞的

情況：有人拿起紙張，迅速寫下甚麼塞入椅背的置物袋、空姐哽咽著宣布應急措施後崩出哭聲。這時，有人走去安慰正在啜泣的空姐、有人互相擁抱、彼此陌生的人都伸出手來互相緊握。機上突然充滿著一股暖流，並滿溢著人性的善良。仿佛，每個人領悟到人類靈魂的原始狀態，本應如此。

後來，飛機順利降落，大家鬆了一口氣，也就爭先恐後取行李、快步離開，格西的胸口甚至被人用手肘撞了一下。人性中溫暖那一面回到它平常躲藏的地方，我們的內心深處，等著下一個讓人大徹大悟的時刻。

我真誠地相信，人類靈魂最原本的面貌，就是大限將至之時的那種互相幫忙，傳遞人性之善的盼望。多數人或許未能體會，我們其實都坐在那架正在下墜的飛機，因為死亡最終都會到來。借用金剛法則，我衷心邀請讀者都能時刻心存善念、善待他人，就如我們大限將至一樣。這樣，我們將在心識種下最強大的種子，生命也將隨之改變。最後，敬祝你們成就自己定義的美好，以及幸福的人生。

有人臨終前壞事做盡，然後沒得到報應安然離世，看似不公；但當看看那些出生於戰亂貧窮，無時無刻承受飢餓與痛苦的人，我仿佛看到了當中的因果連結。誠然，我們沒有辦法控制前世的所作所為，但每個人都有能力控制當下。過去的因果依然要承受，現在和將來的命運卻掌握在自己手中。

Maybe all of these events — maybe all of these branches — are all just really coming from one big main seed, down below them all.

也許所有這些事件、也許所有這些枝節——都來自一顆最重要的業力種子，深埋在下。

——《愛的業力法則》

Inspiration 28

解讀力
以讀攻毒的思維

作者	Lorey Chan 陳家偉
內容總監	曾玉英
責任編輯	何敏慧
編輯助理	邱廸生
書籍設計	Joyce Leung
相片提供	Getty Images

出版	天窗出版社有限公司 Enrich Publishing Ltd.
發行	天窗出版社有限公司 Enrich Publishing Ltd.
	九龍觀塘鴻圖道 78 號 17 樓 A 室

電話	(852) 2793 5678
傳真	(852) 2793 5030
網址	www.enrichculture.com
電郵	info@enrichculture.com
出版日期	2023 年 6 月初版

定價	港幣 $138　新台幣 $690
國際書號	978-988-8599-98-1
圖書分類	（1）社會科學　（2）哲學

支持環保　此書紙張經無氯漂白及以北歐再生林木纖維製造，並採用環保油墨印刷。